Konrad Eißler

Endlich ein Leben

Moderne Gleichnisse

AUSSAAT VERLAG WUPPERTAL

Konrad Eißler, Jahrgang 1932, ist in Oberndorf/Neckar aufgewachsen. Nach dem Abitur studierte er Theologie in Tübingen, Hamburg und Oberlin/Ohio (Master of Theology). Seine erste ständige Pfarrstelle war in Königsbronn auf der Ostalb. 1970 wurde er zum Hauptschriftleiter des Evang. Gemeindeblattes in Württemberg berufen. Seit 1975 ist er Pfarrer an der Stuttgarter Stiftskirche. Als Vorsitzender des CVJM-Landesverbandes in Württemberg und Vorstandsmitglied des CVJM-Gesamtverbandes in Deutschland gehört seine besondere Liebe der jungen Generation.

Auflage 5 4 3 2 1 / 83 82 81 80 79
(Die letzten Zahlen bezeichnen die Auflage und das Jahr des Druckes)
Titelbild, Layout und farbliche Umsetzung der Grafiken: Gerd Ulmer, Wuppertal
Mit Illustrationen aus: „richtung" (Grafisches Atelier Arnold, Dettingen: Arnold S. 17, S. 38, S. 58, S. 80, S. 102/103, S. 105, S. 124;
Fotoumsetzung Lang S. 29;
Fotoumsetzung Stotz S. 116)
Christuskopf von A. Dürer S. 12; G. Ulmer, Foto S. 53;
R. Dietrich, Foto S. 72; R. Eberwein, Linolschnitte S. 89, S. 92, S. 96
Satz und Druck: Aussaat-Druckerei, Wuppertal
ISBN 3 7615 4409 X

INHALT

Seite

Seite

STATT EINES VORWORTES

Es gibt nicht nur einen Kurszerfall von Währungen, sondern auch von Worten. Haben wir nicht alle den Eindruck, daß man auf Worte immer weniger geben kann? Wir werden doch immer skeptischer gegenüber Worten, auf die sich niemand verlassen kann.
Weil dem so ist, möchte dieses Büchlein auf seine Weise daran erinnern, was Jesus Christus gesagt hat.
Es sind keine netten Worte, die uns ein freundlicher Mann zuwirft. Es sind auch keine guten Worte, die etwas vollmundig klingen. Erst recht sind es keine leeren Worte, die nur so dahergeredet sind. Jesus gibt uns Gottes Wort. Und seit dieses Wort in Jesus Fleisch geworden ist und unter uns lebt, steht es in gutem Kurs. Diese Währung erlebt keine Börsenstürze, und vor Kursschwankungen bleibt sie bewahrt. Diese Währung gilt für alle.
Prüfen Sie selbst, ob diese Währung durch die Wahrheit gedeckt ist. Es gibt viele Einsame, die sich abgeschoben, verlassen und vergessen fühlen. Ihnen sagt Gott: „Ich will dich nicht verlassen noch vergessen." Ist das nur frommes Geschwätz?
Es gibt viele Kranke, die nicht wissen, wie es weitergehen soll. Ihnen sagt Jesus: „Kommet her zu mir, die ihr mühselig und beladen seid. Ich will euch erquicken." Ist das nur dummes Gerede?
Es gibt viele junge Menschen, die einen Weg ins Leben suchen. Jesus spricht: „Ich bin der Weg, die Wahrheit und das Leben." Ist das nur oberflächliches Geplapper?
Martin Luther sagte einmal: „Wo ich Gottes Wort ergreife, habe ich gewonnenes Spiel."
Ich wünsche Ihnen, lieber Leser, daß Sie mit dieser Währung das Leben gewinnen.

Konrad Eißler

Jesus Christus – Sohn Gottes

ER

Jesus sagt: Nehmt auf euch mein Joch.

Er will uns einspannen.
Er denkt an ein Doppeljoch.
Er geht an unserer Seite.
Er treibt nicht an.
Er hält sich nicht die Schultern frei.
Er spielt nicht den Mann mit der Peitsche.
Er kommandiert nicht.
Er legt sich selber ins Zeug.
Er zieht unseren Karren mit.
Er hat Kraft.
Er hat Ausdauer.
Er weiß das Ziel.

Jesus sucht Jochträger.

DAS BESTE ZEUGNIS
STEHT NICHT AUF DEM PAPIER

Der Schreiber des 1. Johannesbriefes belehrt uns, daß es nicht nur ein Abschluß-, Leumunds- oder Führungszeugnis gibt, sondern auch ein Gotteszeugnis.
Uns wird gesagt, daß nicht nur der Lehrer oder der Personalchef ein Zeugnis ausstellt, sondern Gott selber.
Aber sein Zeugnis ist kein Heft im DIN-A-5-Format oder ein Diplom zum Aufhängen.
Gottes Zeugnis ist überhaupt keine Sache, sondern eine Person.
Jesus ist das gute Zeugnis Gottes.
Mit seinen Reden legte er Zeugnis ab von Gottes Gerechtigkeit.
Jesus ist mehr als ein guter Mensch,
mehr als ein gutes Vorbild,
mehr als eine gute Idee.
Jesus ist das gute Zeugnis Gottes.
Und wer ihn hat, hat mehr als ein gutes Leben,
mehr als ein fortschrittliches Leben,
mehr als ein erfolgreiches Leben.
Wer Jesus hat, hat das ewige Leben.
Und wer ihn nicht hat, weil er nur fromm angehaucht ist,
der hat das ewige Leben nicht.

JESUS LAS DEM ZÖLLNER LEVI NICHT DIE LEVITEN

Man kann sich für Jesus interessieren.
Noch vor wenigen Jahren lautete die Thesenreihe auf der Wandtafel eines Gymnasiums:
„Jesus zur Linken Gottes ist wissenschaftlich unhaltbar, soziologisch entbehrlich, moralisch unerträglich und theologisch anfechtbar."
Man hatte andere Namen, die das Heil der Welt versprachen.
Aber weil das Unheil wuchs, verloren sie an Zugkraft.
Jesus wurde wieder interessant.
Man kann über ihn diskutieren.
An Themen fehlt es nicht:
ob er der Sohn Gottes oder nur der Stammhalter einer Zimmermannsfamilie gewesen sei,
ob er Meditation, Aktion oder Revolution gewollt habe,
ob er nur am Kreuz gescheitert oder vom Grabe auferstanden sei, usw.
Doch, man kann sich für Jesus interessieren,
man kann über ihn diskutieren.
Aber Jesus sagt:
Folge mir!
Jesus will Nachfolge.
Deshalb las er dem Zöllner Levi nicht die Leviten oder schalt ihn wegen seiner großen und kleinen Betrügereien,
sondern sagte ihm: Folge mir!
Deshalb ist bis heute dieser Ruf nicht verstummt, der nicht heißt: Sei christlich, sei fromm, sei religiös, sondern: Folge mir!
Nachfolge heißt bestimmte Schritte tun.

DER ANDERE CHRISTUS

Ein Maler fertigt ein Jesusbild.
Die Arbeit geht zügig voran.
Nachdem es fertig ist, stellt der Künstler betroffen fest,
daß er sein eigenes Gesicht dem Christus auf der Leinwand verliehen hat.
Immer geben wir dem Christus unser Gesicht:
Im 6. Jahrhundert erscheint Jesus in der gängigen Pose des lehrenden Weisen.
Die Byzantiner malten ihn auf dem Thron antiker Herrscher.
Die Germanen machten aus dem Lendentuch einen Königsmantel und aus den Dornen eine prächtige Krone.
Im Spätmittelalter ist Jesus der geschundene, ohnmächtige Mensch.
Vor 100 Jahren schritt Jesus fast unwirklich schön durch deutsche Kornfelder.
Und heute?
Jesus im Trilchanzug und mit dem Bart des Revoluzzers.
Jesus in der schwarzen Robe des Rechtsanwalts für die Unterdrückten.
Jesus im weißen Arztmantel auf der Drogenszene.
Jesus im Frack als Superstar auf der Bühne.
Jesus im Sari als Guru und Meditationskünstler.
Jesus soll so aussehen, wie wir ihn uns vorstellen.
Jesus soll so sein, wie wir ihn brauchen.
Ein Jesus nach unserem Geschmack!

Die Bibel berichtet von einem anderen Jesus:
- einer, der nicht mit der Palme kommt, sondern mit dem Schwert;
- nicht mit der Krone, sondern mit dem Kreuz;
- nicht mit dem Leben, sondern mit dem Tod.

Der Querbalken, an dem er hing, ist der Querstrich durch alle unsere Vorstellungen.
Wer im Bilde über Jesus sein will, muß sich von ihm selber bilden lassen.

DER LEIDENDE GOTTESKNECHT

Genau wie damals.
Die einen spotten über das Kreuz:
„Das soll ein Zeichen des Sieges sein?!
Wir haben die Sichel auf der Fahne!
Und wir haben einen Halbmond im Wappen!
Und wir haben Sterne auf dem Banner!
Aber ihr?
Wirklich ein Kreuz, ein Schandpfahl, ein Mordinstrument?
Lustig und makaber zugleich!"
So spotten sie und geben an.
Wer angibt, hat mehr vom Leben!
Die andern würfeln unterm Kreuz.
Sie spielen um das große Los.
Ob es der lederne Würfelbecher in der Hand oder der ausgefüllte Tippschein in der Brieftasche ist, immer geht es um den großen Schnitt, der das Leben mit einem Schlag verändert.
So würfeln sie und hoffen auf das Glück.
Wer gewinnt, gewinnt das Leben.
Die dritten haben Mitleid am Kreuz.
Ihnen tut das Sterben eines jungen Mannes leid.
Sie geben ihm einen Essigschwamm.
Sie opfern ein bißchen Geld, ein paar Tränen
und eine Ehrenbezeugung am Karfreitag.

So üben sie Mitleid und setzen auf Mitmenschlichkeit.
Wer Mitleid hat, hilft zum Leben.
Aber der Mann am Kreuz leidet.
Er leidet entsetzlich an unserer Angeberei,
an unserem Glücksuchen und an unseren Krokodilstränen.
Er weiß, daß wir so allenfalls Ruhm oder Geld oder dankbare Blicke gewinnen können, aber nie das Leben.
Jesus leidet sich zu Tode.
Unser verdrehtes Leben hat ihn geschafft.
Aber durch dieses Leiden schafft er uns Leben,
neues Leben,
ewiges Leben.
Ein Leben, das dem Gekreuzigten und Auferstandenen glaubt.
Ein Leben, das auf den Wiederkommenden hofft.
Ein Leben, das um des gegenwärtigen Herrn willen liebt.
Endlich ein Leben, das sich zu leben lohnt.

GOTT DER LEBENDIGE

Gehören Sie zu den Naturaposteln, die ihren Gott im Wald finden?
Zählen Sie sich zu den Meditationskünstlern, die mit Kunstgriffen fernöstlicher Mystik Gott im Unterbewußtsein suchen?
Oder meinen Sie mit den ewig Unbelehrbaren, daß Krankheit und Not schon zur rechten Zeit das Angesicht eines gütigen Vaters offenbar mache?
Die Bibel stellt klar:
In der Natur, im Unterbewußtsein, in der Krankheitsnot gibt es keine Offenbarung von Gott – allenfalls Offenbarungseide von Menschen, die zugeben müssen:
Wir haben die Sphinx des Schicksals entdeckt,
wir haben grinsende Dämonen aufgespürt,
wir haben tausend Götter gefunden, aber keinen Gott.
Deshalb sagt Jesus:
„Wer mich sieht, der sieht Gott."
Bitte nicht den schlafenden oder fernen oder toten Gott, sondern den lebendigen Gott, der von seiner Schöpfung nicht loskommt, auch wenn sie sich von ihm lossagt.
Er sieht, wie es unter losgelassenen Menschen zugeht, wie sie aufeinander losgehen und sich die Köpfe einschlagen.
Über diesem Elend bricht Gott nicht den Stab,
sondern darüber bricht ihm das Herz.
Er schickt seinen einzigen Sohn.
Er stößt ihn ins Leiden.
Er läßt ihn am Schandpfahl verbluten.
Er reißt ihn aus der Hölle –
damit Sie und ich weiterleben können.
So ist Gott. Das ist sein innerstes Wesen.

SEIT DEM JAHRE 33

An Ostern ist ein Licht aufgegangen.
Bitte, kein künstlicher Mond,
von Wissenschaftlern in die Stratosphäre geschossen.
Kein Reflex eines Laserstrahls, der von unserer Erdrinde stammt.
Auch keine geheime Atombombenexplosion in der Wüste.
Nein, ein helles Licht, heller als tausend Sonnen,
nicht mehr in Watt oder Lumen anzugeben,
ein gleißendes Licht.
Jesus ist dieses Licht der Welt.
Seit Ostern wissen wir, daß es kein Irrlicht war,
das ein paar armselige Anhänger an der Nase herumführte.
Seit Ostern wissen wir, daß es kein Rotlicht war,
das uns die Wege mit vielen Geboten versperren will.
Seit Ostern wissen wir, daß es kein Rücklicht war,
das nur die Vergangenheit erhellte und nach vorne kein Licht abgab.
Erst recht war es kein Talglicht, das die Fliegen in der Nacht anzieht und dann verbrennt.
Jesus war und ist Flutlicht, vor dem die Schatten fliehen.
Seit dem Jahre 33 leben wir nicht mehr auf einen
Weltuntergang zu, sondern vom Sonnenaufgang her.
Es ist Tag geworden, wo nur Nacht war.
Die Helligkeit hat die Finsternis an die Wand gespielt.
Schlagschatten des Todes mußten den Strahlen der Hoffnung weichen.
Jesus ist Licht, Sonne, Tag, Helle und Hoffnung!

DIE DREI BESIEGTEN

Es war im Sommer 1940.
Frankreich war gefallen.
Die Lage Englands war sehr kritisch.
Spät am Abend rief Premier Churchill sein Kabinett zusammen, um den Ministern auch noch den Verlust der französischen Flotte zu melden.
Das war eine mißliche Sache, denn mit dem Verlust der Flotte war auch der gemeinsame Code verlorengegangen.
Dadurch war die englische Flotte für eine bestimmte Zeit mit ausgeschaltet worden.
Churchill erklärte dies seinen Ministern in einer dramatischen Rede.
Und als das Kabinett dachte, jetzt wird er sagen:
„We had better pack in", das heißt „wir können am besten einpacken",
sagte Churchill ruhig:
„I am confidently", „Ich bin zuversichtlich, weil ich an den Sieg Englands glaube."
Es gibt Geschichtsschreiber, die sagen:
Das war der Augenblick, in dem England den Krieg

gewonnen hat.
Es gibt auch heute Stimmen, die sagen:
„We had better pack in."
Ich sage so nicht. Ich bin zuversichtlich.
Ich glaube nicht nur, sondern ich weiß um den Sieg Gottes.
Damit ist kein Wort über den Fortbestand einer Volkskirche gesagt, aber alles für die Zukunft seiner Gemeinde.
Ostern ist Siegesproklamation in einer Welt der Niederlagen.
Ostern ist Jubelschrei in einer Welt der Klagen:
„Gott sei Dank, der uns den Sieg gegeben hat durch unseren Herrn Jesus Christus."
Der tausend Jahre alte Hymnus sagt es so:
„Es war ein wunderlich Krieg, da Tod und Leben rungen;
das Leben behielt den Sieg, es hat den Tod verschlungen."
Jeder Sieg fordert Besiegte.
Der Osterbericht des Matthäus kennt neben dem Sieger Jesus drei Besiegte,
nämlich den Tod,
die Furcht
und die Resignation.

WER IST GUT?

Juden sagten:
Gut ist derjenige, der alle 365 Verbote und 248 Gebote einhält!
Griechen sagten:
Gut ist jedermann; jeder hat einen guten Kern!
Zeitgenossen sagen:
Gut ist derjenige, der etwas tut. Wer alte Zöpfe abschneidet,
wer den langen Marsch durch die Institutionen antritt,
wer für die Menschenrechte eintritt . . .
Wer etwas tut, der ist gut!
Und Jesus sagt:
Niemand ist gut:
der Jude nicht,
der Grieche nicht
und der Deutsche nicht.
Gut ist allein der lebendige Gott.
Das sagt Jesus.
Das zeigt schon der Anfang der Bibel:
Er schenkt den Gerichteten Gnade.
Das zeigt auch das Ende der Bibel:
Durch die Gerichte hindurch klingt seine Stimme:
„Ich bin das A und das O, der Anfang und das Ende.
Ich will dem Dürstenden aus dem Quell des Wassers
des Lebens geben umsonst“ (Offb. 21, 6).
Vor allem die Mitte der Bibel zeigt:
Er läßt seinen einzigen Sohn ans Kreuz schlagen,
damit wir nicht erschlagen werden.
Daß Gott gut ist, zeigt sich an der Liebe Jesu,
denn niemand hat größere Liebe als die,
daß er sein Leben für seine Freunde läßt.

CHRISTUS I. R.

Christus i. R. Christus im Ruhestand.
Das ist doch der Titel Jesu seit Himmelfahrt. Er hat sich von seinen Jüngern verabschiedet und auf seinen himmlischen Ruhesitz zurückgezogen.
Getrost kann man diesen Festtag vom Kirchenkalender streichen und ihn neben dem ‚Tag des Pferdes' zu ‚Vaters Weintag' erklären.
„Ein Sträußchen am Hut und eine Flasche in der Hand muß wandern der Vater von Land zu Land."
Wissen Sie mit diesem Tag mehr anzufangen?
Christus i. R. Das heißt:
Christus in Reichweite!
Himmelfahrt war kein Abschiedsfest, sondern Regierungsantritt.
An diesem Tag hat Jesus alle Macht übernommen.
Es gibt seither keinen einzigen Bereich, in dem er nicht in Reichweite wäre.
Deshalb laßt uns lieber singen:
„Jesus Christus herrscht als König, alles ist ihm untertänig, ehret, liebet, lobet ihn."

WO DIE SCHÄTZE DER WEISHEIT LIEGEN

Der Prediger,
so wie die „Sprüche Salomos“ auch, stellt an verschiedenen Stellen klar:
Wissen ist eine Sache des Kopfes,
Weisheit aber ist eine Sache des Herzens.
Klugköpfe entwickeln sich gern zu Großkopfigen,
die mit dem Kopf durch jede Wand wollen.
Aber schon vor der Wand der Schuld, des Leids, des Todes
stehen sie kopfschüttelnd und handeln oft kopflos.
Der Schreiber warnt vor verkopften Leuten.
Die Weisheit muß uns durchdringen.
Sie aber kommt nicht über alle möglichen Bücher zu uns,
sondern nur über das Buch der Bücher.
Die Bibel ist das Einfallstor der Weisheit.
Ihre Haupt- und Quersumme,
nämlich Gott zu fürchten und die Gebote zu halten,
ist der Weisheit letzter Schluß.
Selbst das letzte Gericht wird daran nicht rütteln.
In diesem Buch begegnen wir dem einen,
auf welchem „der Geist des Herrn ruht,
der Geist der Weisheit und des Verstandes,
der Geist des Rates und der Stärke,
der Geist der Erkenntnis und der Furcht des Herrn“
(Jes. 11, 2).
Von ihm gilt, was der Apostel Paulus rühmt,
daß „in ihm verborgen liegen alle Schätze der Weisheit
und der Erkenntnis Gottes“ (Kol. 2, 3):
Jesus.

DAS FUNDAMENT

Vor einigen Jahren ging die Schlagzeile durch Europa,
der Campanile, der schlanke Turm auf dem Marktplatz
in Venedig, sei am hellichten Tag in sich zusammengestürzt
und habe den Platz mit seinen Trümmern übersät.
Wie kam das?
Im Bau selbst hatten sich nirgends Risse gezeigt.
Die Quadersteine waren fest ineinandergefügt.
Die Statik stimmte.
Aber das Fundament war nicht in Ordnung.
Die schweren Balken, mit denen dieser alte Bau
in den Meeresgrund der Lagunen ragte, waren nicht fest genug.
Deshalb der plötzliche Zusammenbruch.
Es gibt ein architektonisches Grundgesetz
für jeden Bau;
und dieses lautet:
Das Fundament
ist die wichtigste Voraussetzung für das ganze Bauwerk.
Und Jesus sagt,
dieses Grundgesetz gelte auch für jedes Leben:
Das Fundament
ist die wichtigste Voraussetzung für das ganze Leben.
Auf welchem Fundament bauen wir?
Auf Sand oder auf Felsen?

ANKUNFT

Ankunft in New York!
An Bord war Aufregung.
Luken wurden geöffnet, Kräne geschwenkt und Flaggen gehißt!
Alles war im Dienst.
Keiner hing über die Reeling und bestaunte das Lichtermeer von Manhattan.
Der Kapitän benötigte jeden.
Selbst der kleine, leibarme Moses schleppte Koffer bis zur Erschöpfung.
Nur so konnte das Schiff sicher festmachen.
Advent heißt Ankunft.
Ankunft in allen Städten und Dörfern.
„Es kommt ein Schiff geladen, bis an den höchsten Bord."
Jesus, der Sohn Gottes, will bei Ihnen ankommen.
Das Schiff muß sicher festmachen.
Es soll in Ihrem Hause jeden Tag Weihnachten werden.
Aber Sie müssen für die Landung mit Hand anlegen.
Alle müssen in den Dienst genommen werden.
Gott braucht jeden.
Vergessen Sie nicht die Zeit der Stille.
„Nur an einer stillen Stelle legt Gott seinen Anker an."

Umkehren zu Gott

SACKGASSE
HOLZWEG
HÖHENWEG
AUSWEG
TALWEG

HEILSWEG

Holzwege sind Sackgassen.
Holzwege führen mitten in den Wald hinein.
Holzwege verlieren sich im Dickicht.
Holzwege enden an einem Graben.
Holzwege sind wie unsere Lebenswege.
Wir gehen mitten ins Leben hinein.
Wir verlieren uns im Dickicht der Schuld.
Wir enden im 80 Zentimeter breiten und 1,50 Meter tiefen Grab.
Wir sind auf dem Holzweg.
Wir mögen als Revoluzzer den Höhenweg einschlagen.
Wir mögen als Glücksucher den Randweg gehen.
Wir mögen als Gammler auf dem Talweg sitzen.
Unsere Lebenswege sind Holzwege,
weil sie in Schuld und Tod hineinführen.
Um Schuld und Tod kommt keiner herum.
Es gibt nur einen Ausweg.
Das ist der Heilsweg.
Jesus hat ihn gespurt.
Heilsweg ist Kreuzweg.
Heilsweg ist Durchfahrtsstraße zum Leben.
Heilsweg ist die Chance.

BITTE DIESEN WEG

Jesu Weg ist eng.
Anfangs kann er nach Ägypten ausweichen.
Aber dann eckt er an,
zuerst bei seinen Eltern und Geschwistern,
dann bei den Priestern und Schriftgelehrten.
Er stößt auf die Hartherzigkeit eines ganzen Volkes.
Schließlich sitzt er fest, so fest wie ein Zimmermannsnagel im Holzkreuz.
Sein Weg verengt sich auf die Breite einer Grabestür.
Wenn wir seinen Weg gehen,
ist uns keine ungestörte Umgehungsstraße verheißen.
Der Nachfolgeweg ist eng,
und Karambolagen sind nicht auszuschließen.
Aber wie eng der Weg auch sei, auf den uns Jesus führen will,
und wie eng die Pforte auch sein mag,
durch die uns Jesus haben will, eines ist wiederum gewiß:
Der enge Weg des Glaubens ist der Heilsweg zum Leben.
Dann ist Jesu Weg ein einsamer Weg
und keine bevölkerte Fußgängerzone.
„Wenige sind's, die ihn finden."
Auf Einkaufsstraßen herrscht Gedränge.
Wer am verkaufsoffenen Samstag in die Großstadt fährt,
weiß, was Massengesellschaft ist.
Jesus ging mit einer Handvoll Leute durch das Land.

Bei ihm waren es nicht viele. Wer sich ihm anschließt,
findet sich in keiner Masse wieder.
Das ficht zuweilen an und gibt zu denken.
Wenn wir viele auf einem Weg sehen, dann meinen wir doch,
es sei ein guter Weg. Wenn alle um uns her eine bestimmte
Überzeugung haben, dann meinen wir doch,
das könnte nicht falsch sein. Wir werden irre an einer
Erkenntnis, wenn wir uns in der Minderheit sehen,
und bemitleiden uns selbst, wenn wir alleine stehen.
Aber die Mehrheit ist kein Kennzeichen der Wahrheit.
Jesus sagt es uns eindringlich:
Wer auf den Weg des Lebens wechselt, der muß den Mut haben,
ein einzelner zu sein.
Wer diesen Weg betreten will,
der muß um den Mut bitten, ein Einsamer zu sein.
Wer diesen Weg geht, der muß den Wappenspruch jener
französischen Adelsfamilie tragen:
Si omnes, ego non – wenn auch alle, ich nicht!
Das ist der Wappenspruch der Jünger Jesu.
Wenn auch alle diesem Gott nichts mehr zutrauen, ich doch.
Wenn auch alle diesem Gott abschwören, ich nicht.
Der einsame Weg des Glaubens ist der Heilsweg zum Leben.
Wer sucht, wird finden.
Wer findet, lebt neu.

WER JESUS SEHEN WILL, DER MUSS SICH AUFMACHEN

Stellen Sie sich einen Mann vor, der in Stuttgart den Vesuv sehen will. Er kauft sich den teuersten Feldstecher. Er steigt auf die höchste Aussichtsplatte. Er wartet auf das beste Wetter. Dann sucht er im Fadenkreuz den Horizont ab.
„Wo ist der Vesuv?" schreit er gereizt und schraubt an der Brennweite. Aber die Alpenkette ist wirklich das Letzte, was er im Dunst ausmachen kann.
Ein stiller Beobachter der Szene meint freundlich: „Entschuldigung, Sie müssen nach Neapel reisen; von hier aus . . ."
„Ach was", unterbricht ihn der Besucher und klemmt seine Neuanschaffung unter den Arm, „den Vesuv gibt es nicht."
„Ein seltener Zeitgenosse", flüstert der andere und schüttelt den Kopf.
Ob er so selten ist?
Ich kenne viele Menschen, die Gott sehen wollen.
Sie lassen es sich etwas kosten.
Sie zahlen jeden Monat Kirchensteuer.
Sie suchen das schönste Gotteshaus.
Sie steigen, etwa am Heiligen Abend oder am Karfreitag, in letzte Höhen der Feierlichkeit.
Aber ein religiöser Dunst bleibt der einzige Horizont.
Resigniert stellen sie fest: „Den Gott gibt es nicht.
Ludwig Feuerbach hat doch recht gehabt: Gott ist tot!"
Wer den Vesuv sehen will, muß sich auf den Weg nach Neapel machen, sonst bekommt er ihn nicht zu Gesicht.
Und wer Gott sehen will, der muß sich auf den Weg nach Golgatha machen, sonst wird er ihn nie ausmachen können.
Gott kam in Jesus bis zum Kreuz.
Jetzt müssen wir auch bis zum Kreuz gehen.

WIE MAN ZUM GLAUBEN KOMMT?

Ich darf Ihnen eine Geschichte erzählen:
Die Jünger Jesu mußten sich grün und blau ärgern.
Da kam doch ein richtiger Festzug direkt auf ihr Absteigequartier zu.
Das Schreien der Kleinen und das Lachen der Großen und das Mahnen der Eltern gingen wild durcheinander.
Die Jünger waren Festzüge gewohnt:
Lahme kamen, Krüppel, Blinde, ganze Aussatzkolonien ...
Die Züge sind während der dreijährigen Wirksamkeit Jesu überhaupt nie abgerissen.
Aber dieser Kinderzug ist der Gipfel! so dachten die Jünger:
Kranke und Lahme in allen Ehren, aber Babys und Lutscher und Flaschenkinder?!
Das Reich Gottes ist doch kein Kinderladen und Jesus keine Säuglingsschwester! Nein, dieses Alter kommt für den Glauben nicht in Frage!
Jünger damals und heute sagen:
Glaube ist Erwachsenensache. Man muß den Glauben erstürmen, erkämpfen, erfühlen.
Und Jesus sagt: „Wer das Reich Gottes nicht empfängt wie ein Kind, der wird nicht hineinkommen."
Den Glauben kann man nicht erkämpfen und nicht erstürmen, sondern sich nur schenken lassen.
Machen Sie wie ein Kind beide Hände auf und bitten:
Laß mich dein Kind und Erbe sein!

„MIR KANN KEINER“

Der junge Mann wollte leben – wirklich leben. Er hatte die entsetzliche Angst, sein Vater könnte ihm zu viel dreinreden. Ellenbogenfreiheit wollte er und keine moralischen Zeigefinger.
So packte er die Koffer und ging.
In der Stadt lebte er auf großem Fuß. Er hatte Freunde und Freundinnen. Die neue Moral siegte über alte Tabus. Griesgrämige Spielverderber hatte er los. „Trink o Auge, was die Wimper hält, von dem goldnen Überfluß der Welt.“
Und dann passierte es.
Alles zerrann ihm zwischen den Fingern. Ein Schweinezüchter stellte ihn als Hilfskraft ein.
Er rief: „Mir kann keiner“ – dann hatte ihn das Heimweh; und er mußte sich amüsieren.
Er rief: „Mir kann keiner“ – dann hatten ihn die Triebe; und er mußte sie befriedigen.
Er rief: „Mir kann keiner“ – dann hatte ihn die Einsamkeit; und er mußte dem großen Lebensstil folgen (Luk. 15).
Sehen Sie, so sieht die Ellenbogenfreiheit aus: Gebunden sein – müssen –, nicht mehr anders können.
„Mir kann keiner“ ist Lüge.
Unter einem Herrn stehen wir immer.
Entweder wir stehen unter dem lebendigen Gott, dann sind wir seine Kinder und haben die Freiheit der Söhne Gottes.
Oder aber wir stehen unter uns selbst, dann sind wir Knechte unserer Triebe und Lüste und Begierden.
Neutralität zwischen diesen beiden Herren gibt es nicht.
Wollen Sie Kind des einen Herrn oder Knecht der vielen anderen sein?

„ENTSCHULDIGEN SIE MAL, HERR ANGLER“

Stundenlang stand der Mann am Ufer.
Seine Angel hielt er über den glitzernden See.
Die Schnur spielte im Wasser.
„Der hat Nerven“, sagte sich ein Zuschauer:
„Immer an der Spule kurbeln, immer auf die Wellen starren,
immer auf dem einen Fleck?!“
Er konnte sich die Frage nicht verbeißen:
„Entschuldigon Sie mal, Herr Angler, gibt es noch etwas
Dümmeres auf der Welt als Fischen?“
„Ja“, kam die kurze Antwort:
„Zuschauen, mein Herr.“
Zuschauen ist das Dümmste. Auch beim Glauben.
Zuschauen, kritisieren, besserwissen – dümmer geht's nicht.
Die Bibel spricht von dem lebendigen Gott und sagt:
„Wenn jemand seinen Willen tun will, wird er erkennen ...“
Man muß schon einmal mitmachen, sich einlassen, die Hand
anlegen.
Stauben Sie Ihre Konfirmationsbibel ab,
versuchen Sie ein Gebet!
Wenn Sie A sagen, sagt Gott B – ganz bestimmt.

SUCHMELDUNG

Man kann den Geldbeutel verlieren, mitten in der Stadt.
Das ist mißlich, wenn einem die Börse aus der Tasche kippt
und sich ein unehrlicher Finder über den Gehaltszuschlag freut.
Man kann die Geduld verlieren, mitten in der Arbeit.
Das ist schrecklich, wenn einem die Gäule durchgehen
und sich die Kollegen über das schwache Nervenkostüm lustig machen.
Man kann das Herz verlieren, mitten in einem Gespräch.
Das ist schmerzlich, wenn einen die Liebe reißt
und man sich dafür das andere Herz nicht einhandelt.
Man kann den Kopf verlieren,
die Gesundheit verlieren,
das Leben verlieren.
Aber wußten Sie, daß man sich selbst verlieren kann?
Wußten Sie, daß man selbst abhanden kommt?
Wußten Sie, daß man ein Verlorener ist?
Wir denken:
Verlorene sitzen im Gefängnis.
Verlorene suchen eine Release.
Verlorene schleichen durch die Kneipen.

Die Bibel denkt anders:
Verlorene sind wir.
Sie und ich, wir sind verloren.
Aber die Bibel sagt weiter:
Gott sucht uns.
Er ist Menschensucher.
Zeus ist das nicht. Der feiert oben auf dem Olymp
in einer exklusiven Gesellschaft.
Buddha ist das nicht. Der thront oben auf einem Sessel
in stummer Erhabenheit.
Und Allah ist das auch nicht. Der regiert im Himmel
in ferner Entrückung.
Gott aber sucht unten auf der Erde.
Mit Jesus startet er eine Suchaktion.
Sein Kreuz ist das Suchzeichen in dieser Welt.
Keiner kann es übersehen.
Seine Arme zeigen nach Ost und nach West.
Alle sollen es hören, auch Sie:
„Des Menschen Sohn ist gekommen, zu suchen und selig
zu machen, was verloren ist“ (Luk. 19, 10).

BITTE EINSTEIGEN!

Kennen Sie Thor Heyerdal?
Das ist ein Abenteurer von Format. Er hat sich nach altägyptischem Vorbild ein Boot bauen lassen aus 70 cm dicken Papyrusbündeln.
Mit diesem fast seeuntüchtigen Schiffswaschkorb ist Heyerdal in See gestochen, um die karibischen Inseln zu erreichen.
Er hatte keinen Motor, keine Ruderer, kein Segelwerk, nein, er ließ sich treiben vom Humboldstrom und Südostpassat von Ost nach West der untergehenden Sonne zu.
Das ist eine Möglichkeit, den Atlantik zu überqueren.
Es gibt verschiedene Möglichkeiten der Atlantikfahrt.
Und dies ist bei unserer Lebensfahrt nicht anders.
Um über das Meer der Zeit zu kommen, kann man es anstellen wie Thor Heyerdal. Man läßt sich treiben, einfach treiben, auch wenn man abgetrieben wird.
Manche versuchen als andere Möglichkeit ihrer Lebensfahrt, sich wie der Kanalschwimmer auf ihre eigenen Muskeln und ihr eigenes Durchhaltevermögen zu verlassen.
Bert Brecht gehört zu ihnen, wenn er sagt: „Es helfen nur Menschen, wo Menschen sind."
Wissen Sie, daß uns eine ganz neue Möglichkeit zur Lebensfahrt angeboten ist?
Nicht sich treiben lassen von allen Zeitströmungen,
nicht sich amüsieren lassen vom Rummelplatz der Weltgeschichte,
nicht sich blenden lassen von seinen eigenen Kräften,
sondern sich einladen lassen vom Herrn der Zeit,
vom Herrn der Weltgeschichte
und vom Herrn aller Kräfte.
Jesus sagt:
„Laßt uns über den See fahren."

SEIN LETZTES GEBET

Ich las von Max Hölz.
Im Krieg lag er im vordersten Graben. Mitten im schweren Artilleriefeuer überfiel ihn die entsetzliche Angst vor dem Verstümmeltwerden. Neben ihm schrie ein schwerverwundeter Kamerad, bis er von seinen Schmerzen erlöst wurde.
Dann schreibt Max Hölz: „Mit Inbrunst betete ich um einen schnellen Tod. Das war mein letztes Gebet. Nach dieser furchtbaren Stunde hatte ich keine Illusionen mehr."
Max Hölz ging. Er ließ sich später nicht vor dem Altar trauen, weil dies eben zu einer rechten Hochzeit gehört, so wie Brautkleid und Fingerring. Er ging.
Er brachte sein Kind nicht zur Taufe, weil man ja an den Kindern nichts versäumen dürfe. Er ging.
Er bestellte zur Beerdigung seiner Mutter keinen Pfarrer, weil man ja alte Menschen nicht wie Hunde verscharren könne. Er ging.
Er sprach auf seinem Sterbelager nicht noch schnell ein Vaterunser, weil man ja nicht wissen könne, ob es vielleicht doch etwas nützt. Er war ehrlich.
Max Hölz ging. So wie der verlorene Sohn. Wenn schon, denn schon.
Wenn schon leben ohne Gott, dann auch sterben ohne Gott . . .

SICH ANS KREUZ KLAMMERN

Man nehme zum Beispiel das Buch von Hermann Kasack ‚Die Stadt hinter dem Strom':
Ein gewisser Dr. Lindhoff fährt dorthin und besichtigt diese Totenstadt. Sie wird beherrscht von zwei riesigen Fabriken. Die eine stellt Kunststeine her. Als er in die andere Fabrik kommt, ergibt sich folgendes Gespräch:
„Es werden also die Kunststeine lediglich hergestellt, um ..." „um von uns hier", ergänzte der Spezialagent mit einer bissigen Genugtuung, „wieder zermahlen zu werden." „Und", rief der Besucher ärgerlich, „die daraus gewonnene Staubmasse ..." „ganz recht", bestätigte der Agent, „sie dient nur der Fabrik am anderen Stadtrand, um daraus wieder neue Kunststeine herzustellen." „Aber", sagte der Besucher ärgerlich und stampfte mit dem Fuß auf, „das ist doch ..." „mustergültig geregelt", ergänzte der Agent freundlich.
Kasack will sagen, daß das, was sich dort ereignete, nur ein Spiegelbild unseres Daseins ist. Unser Leben gleicht dem Karussell der Sinnlosigkeit. Keiner weiß warum und wozu; alles löst sich in Staub auf; der Mensch vegetiert.

Für Franz Kafka ist der Mensch einsam, angstvoll, bedroht. In einer seiner kurzen Fabeln wird dies deutlich:
„Ach", sagte die Maus, „die Welt wird enger mit jedem Tag. Zuerst war sie breit, daß ich Angst hatte. Ich lief weiter und war glücklich, daß ich endlich rechts und links in der Ferne Mauern sah, aber diese Mauern eilen so schnell aufeinander zu, daß ich schon im letzten Zimmer bin, und dort im Winkel steht

die Falle, in die ich laufe." „Du mußt nur die Laufrichtung ändern", sagte die Katze und fraß sie.
Das also ist die Enge der Angst des Lebens, das sinnlos dem Tode preisgegeben ist. Kein Weg führt aus der Angst heraus.
Der Mensch ist ein Fremder in einer unbegreiflichen Welt.
Der Mensch resigniert.
Oder?
Man kann sich an die Botschaft vom Kreuz Jesu Christi festklammern wie der Ertrinkende im reißenden Strom.
Carl Busse hat die Geschichte von dem Schuster erzählt, der im Krieg in jeder freien Minute sein zerlesenes Testament hervorholte und darin las, der sich meldete, wenn es ein gefährliches Kommando gab, der die Kühe, die zwischen die Schützengräben geraten waren und vor Schmerzen brüllten, weil sie niemand melken wollte, zu sich holte, obwohl die Kugeln pfiffen, bis er seine Bibel einem Kameraden gab und nach ein paar Stunden gefallen war.
Oder ich denke an den jungen Perels, den der Nazi-Richter Freisler noch einen Tag vor seinem eigenen Tod hinrichten ließ. Freisler hatte ihn angeschrien: „Nach dem Kriege wird die Kirche abgeschafft." Und Perels, der wohl wußte, daß für ihn alles auf dem Spiele stand, antwortete in seiner nüchternen Art: „Sie wird bleiben."
Solche Menschen hatten nichts von der Kraft, die Menschen bewundern. Sie machten vielleicht einen schwächlichen Eindruck.
Aber sie haben sich an das Kreuz geklammert und damit das Leben bekommen, das wirklich frei war.
Dieses Leben ist vielleicht gar nicht so lang, es braucht gar nicht so glatt zu gehen, es führt vielleicht durch große Tiefen, aber es ist am Ende kein vergebliches, resigniertes, sondern ein von Gott geschenktes Leben.

DEN ANGEFOCHTENEN UND VERBITTERTEN

Jesus zeigt auf die, die keine Beter mehr sind, auf die Angefochtenen und Bitteren.
Der Dichter Reinhold Schneider, der während des Krieges vielen ein heimlicher Seelsorger und Tröster geworden war, machte sich einmal zum Sprecher dieser Verbitterten.
Kurz vor dem Ende seines Lebens schrieb er in sein Tagebuch: „Des Vaters Angesicht hat sich ganz verdunkelt, ich kann eigentlich nicht mehr Vater sagen: die grausigen, die unergründlichen Möglichkeiten der Quälerei, die in unserer Natur angelegt sind, überfordern nachgerade meinen Glauben."

Nur zu viele verstehen den Kellner in jener Kurzgeschichte, der lange nach Mitternacht gähnend in das leer gewordene Lokal schaut.
„Was war der Tag?" fragt er sich. „Er war ein Nichts, und der Mensch war auch ein Nichts."
Dann fängt er im Selbstgespräch an zu beten: „Unser Nichts, der du bist im Nichts, nichts ist dein Name, dein Nichts komme, dein Nichts geschehe, wie im Nichts, so im Nichts."

Dieses abgrundtiefe Nichts ist leider kein seltener Gast.
Er ist nicht nur im Café. Er kann uns bei der Arbeit, beim Lernen und beim Studieren anfallen, mitten drin im schönsten Gotteshaus.
Und Jesus lädt ein:
Ihr braucht nicht Nichts zu sagen, ihr dürft Vater rufen, so wie ein Kind, das mit seinem Schmerz zum Vater geht und sich bei ihm ausweint.
„Ihr habt doch nicht einen knechtischen Geist empfangen", schreibt Paulus später, „daß ihr euch abermals fürchten müßt, sondern ihr habt einen kindlichen Geist empfangen, durch welchen wir rufen:
Abba, lieber Vater" (Röm. 8, 15).

DAS KREUZ MUSS WEG!?

Es war im Kanton Graubünden in der Schweiz.
Den Zweitausender wollten wir schaffen.
Aber nach dreihundert Metern waren die Knie weich.
An einer Sennhütte verschnauften die Gipfelstürmer.
Mein Blick ging hinüber zum Scheunentor.
Dort hing doch einmal ein Kruzifix!
Man konnte es deutlich erkennen.
Vielleicht hatte es der Großvater oder Vater aufgehängt.
Ihm war es wichtig gewesen.
„Auf daß nicht das Kreuz Christi zunichte werde",
hatte er im Unterricht gelernt.
Aber dann kam der Sohn.
Ihm war es altmodische Verzierung an seinem Tor.
Ein Hammerschlag löste die Nägel.
Die Trümmer lagen beim Holzstoß.
Und doch wurde er das Kreuz nicht los.
Die Bergsonne hatte es tief in die morsche Tür eingebleicht.
Heller als zuvor leuchtete es vom Haus.
„Das Kreuz ist altmodische Verzierung an unserem Laden.
Das Kreuz ist eine Zumutung für junge Menschen. Das Kreuz muß weg."
So können Sie sagen und losschlagen.
Aber das Kreuz werden Sie nicht los.
Die Sonne göttlicher Berge hat es tief in unsere morsche Welt eingebleicht.
Sie können tun, was Sie wollen.
Heller als zuvor leuchtet das Kreuz von Golgatha.
Hier scheiden sich die Geister.
Hier muß sich jeder Geist entscheiden.

Enthüllungen

heißen die interessanten Artikel in den Illustrierten.
Die gehen am Kiosk weg wie warme Semmeln.
Peinliche Dinge über große Leute. Kurzweilige und amüsante Lektüre.
Nur einer liest die Enthüllungen nicht gern: der Betroffene.
Er will es nicht wahrhaben. Er erstattet Strafanzeige.
Er erläßt einstweilige Verfügung.
Der Betroffene kann die Enthüllungen nicht ertragen.
Kennen Sie den eigentlichen Hintergrund des Schlagwortes: „Laßt uns in Frieden mit der Bibel"?
Man will Ruhe mit der Bibel, weil sie Enthüllungen bringt und wir die Betroffenen sind.
Wir betreiben Vogel-Strauß-Politik. Wir wollen nicht erfahren, wie es wirklich um uns steht.
Wir müßten anders werden.

Aber dazu ist unsere moderne Generation viel zu konservativ,
trotz Gottfried Benn und Gruppe 47.
Dies Schlagwort ist die uralte Ausweichfrage des Menschen,
die bei Kain und Abel so hieß:
„Laß mich in Frieden mit Abel! Soll ich meines Bruders
Hüter sein?"
Bei Feuerbach: „Laß mich in Frieden mit dem Glauben.
Ist er etwas anderes als die Spiegelung unserer Wünsche?"
Bei uns: „Laß mich in Frieden mit dem Glauben! Ist er etwas
anderes als ein veraltetes Dokument?"
Ich halte es mit dem Denker Mareschkowski:
„Täglich habe ich die Bibel gelesen und werde sie lesen,
solange meine Augen sehen können und wo immer es licht ist.
Zu was habe ich es auf Erden gebracht? – Ich las die Bibel."
Ich schlage vor: Kein Tag ohne Gottes Wort!
Laßt uns in Frieden leben mit der Bibel!

TOTALERNEUERUNG

Aber wir können nur runderneuern.
So wie die Gummifritzen in der Autobranche.
Auf die abgefahrenen Reifen wird ein bißchen Gummi aufgespritzt.
Ein neues Profil wird eingedrückt.
Nach wenigen tausend Kilometern jedoch
blitzt die alte Decke wieder durch,
die aalglatt und gefährlich ist.
Weltverbesserer aller Art sind Runderneuerer.
Revolutionäre aller Schattierungen sind Runderneuerer!
Wir alle kommen mit den besten Vorsätzen für eine neue Welt
über das Runderneuern nicht hinaus.
Wir können etwas Moral aufspritzen.
Wir können über das Erdenrund
die Nahrungsmittel gleichmäßiger verteilen.
Das ist besser als gar nichts.
Wir können hier und dort ein neues Profil geben.
Nach wenigen Jahren jedoch
blitzt die alte Erde wieder durch,
die böse und gefährlich ist.
Wir brauchen keine Runderneuerung,
sondern Totalerneuerung.
Wußten Sie, daß gerade dies uns angeboten ist?
Jesus sagt:
„Siehe, ich mache alles neu."
Offenbarung 21, 5

DIE FEDER DER UHR IST NICHT GESPRUNGEN

Christen warten nicht auf ihr letztes Stündlein,
sondern auf des Herrn Stunde.
Auch wenn Spötter meinen, diese Zeit sei längst verstrichen.
Es hat nie an Rechnern gefehlt, die die Wiederkunft des Herrn
bis auf die Stunde genau vorausberechnen wollten.
Sie lasen die Bibel wie einen Fahrplan der Bundesbahn.
Menschen glaubten diesen Ankunftszeiten und scheuten keine
Mühe, um auf die richtigen Bahnsteige zu kommen.
In Rußland oder Amerika warteten und warteten sie –
und wurden bitter enttäuscht.
Diese Enttäuschung ist die Wurzel jenes Unglaubens,
daß des Herrn Stunde verstrichen sei.
Die Bibel ist kein Kursbuch und Gottes Zeit
keine mitteleuropäische Zeit.
Gott hat weder einen altmodischen Chronometer noch eine
neumodische Quarzuhr.
Gott mißt nicht in Zeiteinheiten des internationalen
Einheitssystems.
Gottes Uhr hat einen eigenen Pendolschlag.
Wenn sie bis heute noch nicht abgelaufen ist, so nicht,
weil die Feder vielleicht gesprungen wäre.
Seine Uhr ist nicht reparaturbedürftig.
Wir warten noch auf des Herrn Stunde, weil er uns noch stundet.
Daß Jesus noch nicht wiedergekommen ist, ist keine
Saumseligkeit, sondern Barmherzigkeit.
Gott hat Geduld mit uns.
Er schreibt nicht sofort ab.
Er will, daß keiner verlorengehe.
Er hat ein brennendes Interesse daran,
daß wir umkehren, bevor es zu spät ist.

VERIRRTE ERWARTUNGEN

So lautete eine Information aus Süddeutschland:
„Ein Drittel der Menschheit befragt heute die Sterne.
Die Astrologie hat mehr Anhänger und Mitläufer als jede Weltreligion und jede politische Ideologie.
In der Bundesrepublik glauben 25 Prozent an einen Zusammenhang von Himmelskonstellation und Menschenschicksal. In unserem Land werden jährlich 30–50 Millionen DM für Horoskope ausgegeben.
Die Horoskope von Carrol Righter zum Beispiel erreichen in über 300 Tageszeitungen über 100 Millionen Leser ..."
Werden Wort und Wegweisung aus der Bibel nicht mehr zur Kenntnis genommen?
Der Prophet Jesaja weiß es besser.
Sterne sind doch keine Götter, die uns bestimmen!
Wer hat sie geschaffen?
Wenn Gott, der Feldherr, sie ruft,
dann muß ihr ganzes Heer ausrücken.
Kein einziges Fixsternlein kann zurück in der Kaserne bleiben.
Was sind das für kleine Marschierer,
die euch Eindruck machen?
Was sind das für bescheidene Geschöpfe,
die in geliehener Uniform nur deshalb funkeln,
weil sie vom Licht angestrahlt sind?
Was sind das für Götter,
vor denen ihr wie der Sterntaler steht
und euch Glück erhofft?
Gott hat sie geschaffen –
und deshalb habt ihr nichts mit ihnen zu schaffen.
Eure Zukunft liegt nicht in den Sternen!

WORTE

Wir haben es erlebt, wie Währungen zerfallen können.
Der Dollar sank immer weiter; Notenbanken mußten
Stützkäufe tätigen.
Nun gibt es aber nicht nur einen Kurszerfall von Währungen,
sondern auch einen Kurszerfall von Worten.
Ich habe den Eindruck, daß man auf Worte immer weniger
geben kann.
Junge Leute versprechen:
„Herr Jesus, dir leb ich, dir leid ich, dir sterb ich" –
und nach zwei Jahren tun sie, als ob es ein Versprecher
gewesen ist.
Eheleute geloben
Treue „bis der Tod uns scheidet" –
und wieviel Ehepartner sind betrogen?
Menschen verlassen sich auf ein Wort –
und nachher sind sie verlassen!
Ich bin froh, daß es Worte der Bibel gibt.
Das sind keine netten Worte,
die uns ein freundlicher Mann zuwirft.
Das sind keine großen Worte,
die nur vollmundig klingen.
Das sind erst recht keine leeren Worte,
die so dahergeredet sind.
Das ist Gottes Wort.
Und seit es in Jesus Fleisch geworden ist,
steht es in gutem Kurs.
Diese Währung erlebt keine Börsenstürze.
Kursschwankungen sind ausgeschlossen.
Sie ist international.
Martin Luther sagt:
„Wo ich Gottes Wort ergreife, habe ich gewonnenes Spiel."

ABER DER BAUM WAR DOCH KERNGESUND!?

Dreißig Jahre alt mag er gewesen sein.
Dann kam der Bauer mit der Säge.
Warum?
Der Baum war kerngesund.
Er hatte Äste, Zweige, Blätter.
Nur eines fehlte ihm – die Frucht.
So fiel der Baum.
Sie mögen dreißig Jahre alt sein.
Sie mögen vor Gesundheit strotzen.
Sie mögen Geld und Auto und Haus haben.
Wenn er für Gott keine Frucht trägt,
so gilt für Ihren Lebensbaum:
„Haue ihn ab, was hindert er das Land!"
(Luk. 13, 7)
Noch leben wir.
Jesus ist Gott ins Wort gefallen.
„Herr, laß ihn noch dieses Jahr, bis daß ich um ihn grabe."
Das ist unsere Chance.
Gott will stunden.
Gott gewährt Aufschub.
Wir müssen die Gelegenheit nutzen.
Noch dieses Jahr, Freund, dieses Jahr!

Zweifel und Versuchungen überwinden

DRANBLEIBEN!

So ist's doch beim Sport. Zuerst ist man Aktiver: „1. FC über alles, über alles in der Welt." Der Platz in der Mannschaft ist eine Selbstverständlichkeit. Dann wird man älter. „Ich verschnauf's nicht mehr."
Aus dem aktiven wird ein passives Mitglied. Mit Ehrennadel erscheint er am Spielfeldrand. Lauthals schreit er mit: „Schiedsrichter ans Telefon!"
Aber auch das wird zuviel. Zu Hause legt er die Füße hoch und sieht den „Sport am Sonntag". „Das waren noch Zeiten", denkt er, während seine Hand den Ischiasnerv streichelt.
Und beim Christsein? Zuerst ist man Aktiver. Der Platz in der Kirche ist eine Selbstverständlichkeit.
Dann wird man älter. „Ich verschaff's nicht mehr." Aus dem Aktiven wird ein passiver Kirchensteuerzahler.
Als gelegentlicher Zuschauer erscheint er am Karfreitag.
Aber auch das wird zuviel.
Zu Hause starrt er auf den Flimmerkasten und kriegt das „Wort zum Sonntag" mit. „Das waren noch Zeiten", denkt er, während seine Hand nach dem Flaschenhals greift.
Deshalb ruft der Apostel: „Daß ihr nicht müde werdet und ablasset!"
Deshalb mahnt die Bibel: daß ihr nicht passiv werdet und aufsteckt.
Gott kennt seine Zuschauer; das Christentum hat keine Tribünen.
Christsein heißt: Aktiver sein.
Christsein heißt: am Ball bleiben.
Christsein heißt: Sieger werden.
Um einen ewigen Kranz, dies arme Leben ganz.

HABEN DIE GABEN DEN ERSTEN PLATZ?

Ein As auf der Penne.
Primus der Schule.
Der Numerus Clausus ist für ihn
eine sperrangelweite Hofeinfahrt.
Ein Star auf dem Rasen.
Libero in der Fußballmannschaft.
Die Gegenspieler macht er zu Statisten.
Eine Eins auf der Geige.
Konzertmeister am ersten Pult.
Das ganze Orchester reißt er mit.
Und ich?
Eine Niete im Beruf,
eine Krücke in der Mannschaft,
eine glatte Null in der Musik –
einfach die letzte Flasche.
Und Paulus sagt:
Du bist glänzend!
Du mußt
keine Geistesblitze zünden.
Du mußt kein Star werden.
Du mußt keine Leuchte sein.
Du brauchst nur Seinen Schein weitergeben.
Du brauchst nur Sein Licht reflektieren.
Du brauchst nur Seinen Glanz widerspiegeln.
Strahlende Leute sind Spiegel
von Gottes Herrlichkeit
(2. Kor. 3, 18).
Das sollst du sein, sonst nichts.

ZUFRIEDEN

Paulus sitzt im Knast.
Die Haftbedingungen sind hart.
Mit der Entlassung kann er nicht rechnen.
Eine gewaltsame Befreiung ist ausgeschlossen.
Nichts rechtfertigt irgendeinen Optimismus.
Aber er sagt:
„Ich bin zufrieden.
Ich kann hinter Gittern oder in Freiheit leben.
Es macht mir nichts aus, an einem Riegel Brot herumzubeißen
oder bei einem piekfeinen Menü zu sitzen.
Es tut nichts zur Sache, ob meine Hände den Wanderstock
packen oder ob sie selber im Stock liegen.
Es ist nicht von Belang, ob ich weiterlebe
oder vor den Scharfrichter komme.
Ich kann beides: arm oder reich leben, satt sein oder hungern,
leben oder sterben."
Ein tolles Wort! Wer könnte es nachsprechen?
Vielleicht so:
„Ich kann ein armer Hund oder ein reicher Klotz sein.
Ich kann aus dem Blechnapf oder aus Meißner Porzellan essen.
Ich kann als Chefarzt oder als Kanalarbeiter mein Geld
verdienen.
Ich kann krebskrank oder kerngesund meinen Weg gehen.
Ich kann ledig oder verheiratet leben.
Ich kann mich in jeder Lage zurechtfinden.
Ich bin zufrieden."
Paulus sagt nicht: „Seht mich an! Ich kann's!"
Er weist auf den Herrn:
„Ich vermag alles durch den, der mir die Kraft dazu gibt,
Christus."
Warum sind wir eigentlich mit so wenigem zufrieden
und mit so vielem unzufrieden?
Jesus macht frei, gelöst, unabhängig und zufrieden.

MIT DEM KÖNIG SCHNELLER VERBUNDEN ALS MIT DEM MINISTER

Haben Sie schon einmal einen Minister angerufen?
Versuchen Sie es und Sie werden folgende Erfahrung machen:
„Hier ist das Ministerium.
Den Minister wollen Sie sprechen?
Einen Augenblick bitte, ich verbinde."
Der Gebührenzähler tickt und zeigt fünf Zeiteinheiten.
Dann meldet sich eine Stimme:
„Hier ist das Staatssekretariat.
Den Minister wollen Sie sprechen?
Einen Augenblick bitte, ich verbinde."
Weitere fünfzehn Einheiten werden meinen Gebührenzettel belasten.
Nun tönt eine Frauenstimme aus dem Apparat:
„Hier ist die Chefsekretärin.
Den Minister wollen Sie sprechen?
Einen Augenblick bitte, ich verbinde."
Der Gebührenzeiger geht schon in die zweite Runde und wird den Kampf gegen meinen Zwanzig-Mark-Schein gewinnen.
Endlich kommt die honorige Männerstimme:

„Hier ist der persönliche Referent.
Den Minister wollen Sie sprechen?
Tut uns außerordentlich leid,
aber der Minister ist seit vorgestern auf Dienstreise."
Wütend knallt man den Hörer auf die Gabel.
Und wenn Sie den Minister aller Minister, nämlich Gott selber anrufen, dann kommen Sie direkt durch.
Er kennt keine Sekretariate und keine Vorzimmerlöwen.
Sein Anschluß ist nie besetzt.
Eine Störung gibt es nicht.
Das Gebet ist kein Telefon, bei dem sich niemand auf der andern Seite meldet.
Seit Jesus Christus auf dieser Erde war, hat jeder eine Sonderleitung zum Ohre Gottes.
Es gilt:
„Da dieser Elende rief,
hörte der Herr
und half ihm aus allen seinen Nöten"
(Ps. 34, 7).

BETEN NUR WELTFERNE TOREN?

Es gibt einen Punkt, bei dem Beten sinnlos ist.
In Jesaja 1 heißt es: „Ob ihr schon viel betet, höre ich euch doch nicht, denn eure Hände sind voll Blut."
Solange wir in einer klargelegten Sünde leben, brauchen wir nicht zu beten.
Solange wir mit der Sünde nicht brechen, können wir uns das Beten schenken.
Der Text redet nicht von denen, die in hartem Kampf mit der Sünde stehen und davon loskommen wollen.
Aber lügen wir bewußt, finden wir im Schmutz unsere Freude, machen wir falsche Steuererklärungen, betrügen wir unsere Eltern, unsere Braut, unsere Lehrer, dann ist Beten sinnlos.
In allen anderen Fällen gilt: Beten hat Sinn.
Der österreichische Dichter Franz Werfel sagt im Vorwort eines seiner Bücher:
„Der abendländische Mensch ist metaphysisch verdummt."
Das heißt, der Mensch ist im Blick auf geistliche Dinge dumm gemacht worden.

Zweihundert Jahre lang wurde uns vorgesprochen:
Beten hat keinen Sinn. Jetzt spricht es schon der kleinste Lehrling nach: Beten hat keinen Sinn.
War vielleicht David Livingstone ein weltferner Tor?
Dieser Mann reiste schon vor 150 Jahren nach Afrika, als die Landkarte des Schwarzen Kontinents noch weiß war.
Mit primitiven Entdeckerfahrzeugen kreuzte er durch das Land.
Er erforschte das Stromgebiet des Sambesi, die verzweigten Quellflüsse des Kongo und entdeckte die berühmten Viktoriafälle.
So war er eines Tages mit Trägern unterwegs auf dem Fluß.
An einem Uferplatz machte er Halt und schlug sein Zelt auf.
Am andern Morgen dauerte es ungewöhnlich lange, bis Livingstone aufstand. Die Sonne stand hoch über dem Urwald.
Schließlich wagte es ein Träger, die Zeltwand des weißen Mannes zurückzuschlagen. Wie angewurzelt blieb er stehen.
Er sah seinen Herrn kniend neben seinem Lager – tot.
Betend war er in die Ewigkeit abgerufen worden.
Ein weltferner Tor?

UMLEITUNG

Troas. Das war die Endstation.
Ein bescheidener Hafen, ein paar Häuser, wenige Geschäfte.
Die Welt schien mit Brettern vernagelt.
In irgendeiner Kneipe mietete sich Paulus ein.
Müde warf er sich auf das Bett.
Aber schlafen konnte er nicht.
Bilder jagten durch seinen Kopf.
Da war Jerusalem.
Mit seinen drei Freunden Timotheus, Silas und Lukas
schritt er durch die Tore der Stadt hinaus:
Aufbruch zur zweiten Missionsreise.
In den Großstädten wollten sie Jesus bekanntmachen.
Da war der Weg.
Oft lag er in der sengenden Sonne.
Nicht nur einmal kletterte er über die Pässe.
Wie ein Faden zog er sich durch riesige Ebenen.
Paulus scheute keine Strapazen.
„Dieses Land für Jesus" war sein Antrieb.
Da war das Ziel:
Philadelphia, Sardes, Laodicea.
Städte mußten für die Sache Jesu gewonnen werden.
Knotenpunkte des Weltverkehrs sollten Stützpunkte
für Gott werden.
Aber dieses Ziel erreichte Paulus nicht.
Der Weg nach Westen war blockiert.
Erdrutsch, Kriegswirren, Zollschranken? Wir wissen es nicht.
Jedenfalls war der Durchgang gesperrt.

Paulus und seine Freunde wurden nach Norden umgeleitet.
Aber auch dort kein Weiterkommen.
Die Straße führte nicht mehr weiter.
Umleitung nach Nord-Westen!
Viele Tage auf einem schmalen Pfad.
So kamen die Männer nach Troas.
Deshalb lag Paulus auf seinem Bett,
frustriert und resigniert.
Er bohrte nach einer Antwort:
„Warum diesen Strich durch meinen Plan?
Warum dieser Umweg in meinem Leben?
Gott, warum?“ –
Wer sich von Gott leiten läßt, wird auf den richtigen Weg umgeleitet.
Man kann nicht früh genug mit der Bitte anfangen:
„Weise mir, Herr, deinen Weg!“

WORAN STIRBT MISTER ANTHROPUS?

Thornton Wilder hat ein Stück geschrieben, das in den Nachkriegsjahren in allen Ländern aufgeführt wurde: „Wir sind noch einmal davongekommen."
Die Hauptgestalt ist ein Mister Anthropus, das heißt „alter Mensch". Das Spiel übergreift alle Zeiten der Menschheitsgeschichte.
Im 1. Akt übersteht Mister Anthropus die Sintflut.
Im 2. Akt übersteht er die Gegenwart. Er ist zäh.
Im 3. Akt hat seine Dummheit die letzte Katastrophe der Weltgeschichte verursacht – und er kriecht nach allen Atomkatastrophen aus seinem Bunker in die zerstörte Welt.
Und was hat er gelernt?
Wie ist er nun geworden? Wie reif?
Er ist gar nicht geworden. Er ist geblieben.
Geblieben derselbe unzuverlässige, großmaulige, selbstverliebte Mister Anthropus.
Bleiben wir nicht trotz allem dem Adam in uns treu?
Wenn keine Katastrophe ihn ändert, woran stirbt dann der Alte?
Paulus sagt: An Christi Kreuz.

Dort ist unsere ganze Last mit hinaufgenagelt worden.
Mein alter Mensch ist mit ihm gekreuzigt, gestorben, begraben, niedergefahren zur Hölle.
Diese Sätze des Glaubensbekenntnisses darf ich nun auch von mir bekennen.
Und wenn sich der alte Mensch immer wieder rührt, sich aufregt und aufspielt, so kann ich zu ihm sagen:
Du bist verurteilt, du bist geliefert, du bist nur noch ein Schatten deiner selbst.
Christi Tod gilt allein.
Verstehen Sie jetzt Martin Luther?
Wenn er in Anfechtung kam und sein Gemüt schwer werden wollte, dann nahm er eine Kreide und schrieb auf den Tisch: Baptus sum – ich bin getauft.
Das war keine Beschwörungsformel. Das war kein unsinniges „toi, toi, toi“. Das war Wiederholung dessen, was Christen seit der Taufe wissen und sich immer wieder vergegenwärtigen sollen:
„Ich bin frei von der Sünde und der Last meiner Vergangenheit; ich bin geborgen, niemand und nichts darf mir etwas antun.“

„LAND UNTER?“

Eigentlich war der ganze Deich in Ordnung.
Keine Welle konnte ihm etwas anhaben.
Hochflut oder Springflut gingen nicht darüber.
Alles wähnte sich in Sicherheit.
Und dann kam jene Nacht.
Nur 5 Meter Erde gaben nach.
50 000 Meter Befestigung nützten nichts mehr.
Salzwasser überflutete das Land
und machte es zur Wüste.
Wußten Sie, daß Sünde Deichbruch ist?
Das ganze Leben kann in Ordnung sein.
Keine Welle,
weder Sexwelle noch Rauschgiftwelle,
hat irgendeine Bedeutung.
Man wähnt sich in Sicherheit.
Und dann kommt jene Stunde.
An einer kleinen Stelle wird nachgegeben.
Nur für einen Augenblick wird man weich.
Tausend gute Vorsätze nützen nichts mehr.
Der Böse dringt ein wie die Flut.
Das ganze Leben ist versalzen.
Unsere Flickerei nützt nichts.
Wir brauchen einen neuen Deich.
Nur Jesus kann ihn bauen.
Von ihm heißt es, daß er
„alle Sünden in die Tiefen des Meeres werfen wird“
(Micha 7, 19).
Hinter seinem Schutz gibt es kein „Land unter“.

HEILIG ODER SCHEINHEILIG?

Wenn Israel seinen Gott den heiligen nannte, so meinte es den Weltenherr, dessen Wille unabdingbar darauf gerichtet ist, seine königlichen Herrschaftsansprüche durchzusetzen.
Es ist der Gott, dessen Hoheit beleidigt und dessen Zorn erregt wird, wenn Menschen seinen Willen nicht erfüllen und seine Gebote brechen.
Erfüllen wir seinen Willen und halten seine Gebote?
Er sagt:
„Speise die Hungrigen“ – und wir vernichten mit Millionenaufwand hochwertige Nahrungsmittel, nur um den Preis zu halten.
Er sagt:
„Liebe deinen Nächsten“ – und wir sehen zu, wie Gastarbeiter in den schlimmsten Hütten hausen.
Er sagt:
„Euer Leib sei ein Tempel“ – und wir schweigen, wenn er zum Kaufhaus gemacht wird.
Er sagt:
„Sorget nicht“ – und wir zittern vor der Zukunft.
Jesaja sah im Lichtkegel der Herrlichkeit Gottes seine Unwürdigkeit und stammelte sein eigenes Todesurteil:
„Wehe mir, ich vergehe, ich bin verloren.“
Wer diesem Gott begegnet, der wird es Jesaja nachsprechen:
„Herr, ich bin unheilig; ich bin vielleicht manchmal scheinheilig. Herr, ich bin verloren in Zeit und Ewigkeit.“
Paulus sagte:
„Ich elender Mensch, wer wird mich erlösen von dem Leib dieses Todes?“
Wer mit dem heiligen Gott rechnet, kann sein Todesurteil nicht ausklammern –,
aber auch nicht das Zweite, nämlich den Freispruch.

DEN SCHWEFELGESTANK NICHT IM ZIMMER LASSEN

Der Kampf mit dem Satan wird nicht nur in der Abfuhr
bestehen, die wir ihm durch unsere Hinkehr zum Kreuz
widerfahren lassen.
Es geht nicht an, ihn davonzujagen, den Schwefelgestank
aber im Zimmer zu lassen.
Die Bibel spricht jetzt davon:
Heiligt euch!
Heiligung aber meint Ernst machen, daß wir in der Nähe des
Kreuzes sind.
Heiligung muß handgreiflich werden.
Überlegen wir einen Augenblick:
Was ergreifen unsere Hände, und was wehren sie ab?
Wo heilen sie, und wo tun sie weh?
Wo schlagen sie, und wo helfen sie?
Welche Handschrift schreiben unsere Hände, und
welche Briefe?
Wann falten sie sich zum Gebet, und wann ballen sie sich
zur Faust?
Am Tun unserer Hände wird Heiligung sichtbar.
Die Kehrtwendung zum Kreuz hat Auswirkungen
bis in die Fingerspitzen.

Es geht nicht an, sich Gott zu nahen, aber die Hände fern von ihm zu lassen.
So entstehen Neurosen.
Naht euch zu Gott mit Herzen, Mund und Händen!
Eine der Hauptteufeleien liegt im Groß-sein-Wollen,
nicht mehr unter Gott zu stehen, sondern neben oder möglichst über ihm.
Wir haben Gott gegen uns, wenn wir uns groß machen.
Die Bibel sagt: Demütigt euch!
Bitte, das heißt nicht: Duckt euch! Kuscht euch! Kriecht!
„Demütigt euch" heißt:
Haltet euch ganz einfach an den, der von sich sagen konnte:
„Ich bin sanftmütig und von Herzen demütig."
Jesus hat sich nicht neben Gott groß gemacht, obwohl er der Sohn war.
Er hat sich unter Gott gestellt, ja sogar unter die Menschen gestellt.
Die Bibel ruft in die Gemeinschaft mit diesem Herrn,
in die Nachahmung seines Werkes,
in die Freiheit der Kinder Gottes.
Wo Jesus regiert, ist der Teufel erledigt.

ZUR FREIHEIT BERUFEN

Ein Zuchthäusler wartet jahrelang auf den Tag der
Entlassung.
Endlich ist es soweit.
Er betritt das Land der ersehnten Freiheit.
Aber er findet keinen Arbeitsplatz,
die Freunde sind weggezogen,
die Verwandten sind tot.
Auf einer Bank im Stadtpark, dem Zuchthaus direkt
gegenüber, macht er sich ein Lager zurecht.
Dann geht es ihm durch den Sinn:
Drüben hatte ich ein Dach überm Kopf,
drüben hatte ich Essen und Arbeit,
aber hier?
Ich habe nur das Zuchthaus gewechselt.
Freiheit gibt es nicht.
Heute wird so oft nach Freiheit gerufen, in den Schulen,
in den Universitäten, in der Dritten Welt.
Damit wir nicht die gleiche Erfahrung machen wie jener
Zuchthäusler,
damit wir nicht vom Regen in die Traufe kommen,
damit wir nicht einen Zuchthauswechsel vornehmen,
deshalb ruft der Apostel:
„Wenn euch der Sohn frei macht,
dann seid ihr recht frei!“ (Joh. 8, 36).

WEG VOM TEUFEL – HIN ZUM KREUZ

Kennst du die kleine Notiz aus dem Reisetagebuch des alten Volkes Israel?
Das Volk lagert sich in der Wüste,
ausgedörrt von sengender Sonne,
ausgehungert von anstrengendem Fußmarsch.
Die Wasserflaschen sind leer,
und der Reiseproviant ist aufgezehrt.
Die Stimmung ist auf dem Nullpunkt.
Aber dann kommt erst das Schlimmste.
Die Wüste lebt.
Der Sand bewegt sich.
Giftige Schlangen fahren hoch und beißen zu.
Eine tödliche Bedrohung für das ganze Volk.
Mose ist zum Handeln gezwungen.
Aber was tut er?
Er verharmlost die Gefahr nicht,
so wie Volksführer große Gefahren herunterzuspielen pflegen.
Mose bläst auch nicht zum Generalangriff
auf diese Reptilien,
die aus allen Löchern kriechen.
Nein, eilig rammt er ein Holz in die Erde und ruft:
„Wer dieses Zeichen sieht, soll leben."
Dann bringen es einige fertig,
nicht mehr die drohende Gefahr zu fixieren.
Sie wenden sich ab und drehen sich um.
In der Nähe des Holzes sind sie gerettet.

NAH-SEHEN LERNEN

Auf 1000 Kilometer sehen wir ganz genau, aber auf fünf Meter?
So wie der Priester in der alten Geschichte.
Er war der erste Fernseher.
Wie er um die Ecke biegt,
liegt ein Zusammengeschlagener vor seinen Füßen.
Aber er sieht fern:
„Vielleicht liegen hundert Meter weiter dieselben Räuber
auf der Lauer und warten nur darauf, daß sie dir den Schädel
einschlagen."
Er sieht seine Familie, die ohne Vater nicht leben kann.
Er sieht alles, nur nicht das vor seinen Füßen.
Und so macht er einen großen Bogen.
Beim Fernsehen sind wir alle gut.
Aber beim Nahsehen?
Hinsehen auf die Not des Kollegen,
des Mitschülers,
des Gebundenen,
darum geht es.
Wenn man weitsichtig ist,
muß man zum Arzt und sich eine Brille verschreiben lassen.
Und wenn man nur in die Ferne sieht,
muß man zu Jesus
und sich das Nahsehen schenken lassen.
Geh!
Es lohnt sich.

MEDITATION ALS GEBET . . .

Ein italienischer Journalist schrieb:
„In Deutschland steht man vor lauter Angst- und Nervenbündeln."
Aus der Aktion wurde die Frustration.
Den Menschen dämmerte:
das Paradies, das schaffen wir nicht;
Schrecken, ja, den haben wir produziert;
mit unseren ganzen Aktionen geht es uns wie den Danaiden in der Totenwelt:
sie wollen ein Faß mit Wasser füllen; sie schleppen Eimer um Eimer; sie geben sich alle Mühe; von ihren Leibern strömen Schweißbäche, aber das Faß wird nicht voll;
das Faß hat keinen Boden; unsere Welt ist bodenlos;
so vieles ist im Eimer.
Deshalb wird aus der Aktion die Frustration
und schließlich die Resignation.
Es hat ja alles gar keinen Wert!
Menschen verlieren den Mut.
Mehr: Menschen verlieren sich selbst.
Weil sie Jesus verloren haben, haben sie sich selbst verloren.
Und wer sich selbst finden will, muß Jesus finden.
Es geht nicht darum, daß wir in uns hineinhorchen, sondern hinüberhorchen auf ihn.
An die Stelle unseres Ichs, das heute so hochgespielt wird, muß wieder die Gestalt Jesu treten.
Und das geschieht am besten im Gebet:
Die christliche Meditationsform ist das Gebet zu Gott, dem Vater.
Denken wir an Daniel, den jungen Staatssekretär
am heidnischen Hof, an dem es babylonisch zuging.

. . . GEBET ALS MEDITATION

Seine Wohnung hatte ein offenes Fenster nach Jerusalem.
Dort fiel er dreimal täglich auf die Knie,
betete, lobte und dankte seinem Gott.
Also Anbetung, Lob und Dank
waren seine Meditationsformen,
und sie genügten, um selbst in der Löwengrube nicht zu verzweifeln.
Oder denken wir an Hiskia.
Die heranrückenden Feinde machten ihm Not.
Ein Brief machte ihn unruhig.
Aber er nahm das Papier, lief zum Tempel und legte es Gott hin:
„Herr, was soll ich jetzt tun?"
Anfrage und Bitte
waren seine Form der Meditation.
Denken wir an Jesus selbst,
wie er sich immer wieder in die Wüste zurückzog,
um in diesen Räumen der Stille mit seinem Vater zu reden.
Man könnte auch Martin Luther nennen.
Er schrieb an Peter Balbierer ein Büchlein mit dem Titel:
„Wie man beten soll." Dort heißt es:
„Am Abend mußt du eine Stelle aus der Heiligen Schrift
im Gedächtnis mit dir zu Bette nehmen, womit du,
wiederkäuend wie das reine Tier, sanft einschlafen magst.
Es soll aber nicht viel sein, eher weniger,
aber gut durchdacht und verstanden.
Und wenn du am Morgen aufstehst, wirst du es wie eine Hinterlassenschaft von gestern vorfinden."
Das Wiederkäuen des Gotteswortes war Luthers Meditationsform.

HAU AB! LASS LOS! WIRF WEG!

Wieso ist Gott mit Josef? Wir müssen an seinen Urgroßvater Abraham zurückdenken. Gott sagte ihm: „Ich bin mit dir!" Und dann müssen wir noch an seinen Vater Jakob denken. Gott bestätigte: „Ich bin mit dir!" Diesem Umstand und der einfachen Tatsache, daß Gott Versprechen hält, verdankt Josef, daß Gott mit ihm ist.
Potiphars ansehnliche Frau warf ihre bestrickenden Blicke auf den jungen Mann Josef. Er war auch ein Klasse-Typ, der sein tolles Aussehen von seiner Großmutter Rebekka und seiner Mutter Rahel geerbt hatte, die ausgesprochene Schönheiten waren. Bei den Moslems gilt Josef heute noch als Schönheitsideal, und in der blumigen Sprache der persischen Poesie heißt er der „Mond Kanaans".
Sie war eine lebenshungrige Frau, die an der Seite ihres Mannes ausgebrannt war wie eine Schlacke. Das Feuer der Liebe war längst erloschen. Das aber sollte mit einer kleinen Romanze wieder entzündet werden. Das aber sollte mit einer harmlosen Liebelei wieder zur großen Liebe aufflammen. Ein Seitensprung muß doch dem Glück auf die Sprünge helfen. So nutzte diese Schlange die Gelegenheit, um nach ihm zu greifen.
Aber er weigerte sich. Bitte hören Sie genau hin: Er weigerte sich. Nicht: Er wollte nicht. Josefs Blut kochte genauso wie unser Blut, wenn es in härteste Versuchung gerät. Er war kein Frauenverächter. Josefs Augen waren genauso geblendet wie unsere Augen, wenn wir schmutzige Illustrierte und gemeine Werbeposter anschauen. Josef war kein Tugendbold. Josefs Ohren waren genauso

geschmeichelt wie unsere Ohren, wenn uns einer zuflüstert: Du bist attraktiv! Josef war kein Bravourstück männlicher Standhaftigkeit. Natürlich wollte er, so wie jeder junge Mensch will, aber er weigerte sich. Er riß sich los.
Er haute ab. Das war ein schwerer Kampf, den er gegen sich selber führte. Sein Rock blieb als falsches Beweisstück in den Händen der Versucherin. Er setzte nicht nur seinen Job, nicht nur seine Karriere, Josef setzte sein Leben aufs Spiel.
Er wollte lieber mit Gott in den Tod als ohne ihn in ein ‚high life'. Er wollte lieber mit Ehren ins Gefängnis als ehrlos in schwüle Salons. Lieber schutzlos als gottlos.
Auch wenn wir nicht besonders attraktiv sind, sondern nur eine mittelmäßige Figur haben – der Geist der Versuchung geht um.
Auch wenn wir nicht dem „Mond Kanaans" gleichen, sondern eher einem Mondkalb – der Schatten jener Frau ist uns auf den Fersen.
Es gibt keinen Platz, wo wir wind- und wettergeschützt unseren Glauben leben können.
Wer zum Subjekt Gottes befördert worden ist, läßt sich nicht mehr zum Objekt der Menschen degradieren.
Wer zum Kind Gottes geadelt wurde, ist sich als Stiefelknecht zu schade.
Auch wenn es den Freund kostet, die Bekanntschaft, die ganze Clique:
Um Jesu willen – hau ab, laß los, wirf weg!
Du magst viel verlieren, du wirst alles finden.
So wie Josef, der selbst im Zuchthaus Gnade fand.

LICHT WEITERSPIEGELN

Ihr seid das Licht der Welt!
Auch wenn heute behauptet wird:
„Ihr seid die Tranfunzeln der Weltgeschichte!
Ihr seid die Stallaternen der Gesellschaft!
Ihr seid die Schlußlichter am Zug der Zeit!"
Es bleibt dabei, weil es Jesus sagt: Ihr seid das Licht der Welt!
Dazu müssen Sie kein großes Kirchenlicht sein.
Im Abgangszeugnis des Missionars Ziegenbalg stand der Satz:
„Schwach an Leib und Seele." Das war ein
Gesamtdurchschnitt von „ausreichend bis mangelhaft".
Trotzdem ist er nach Indien ausgereist und ist zum Licht
vieler Tamulen geworden.
Einfach deshalb, weil Ziegenbalg das Licht jenes Mannes
weiterspiegelte, der von sich sagen konnte:
„Ich bin das Licht der Welt."
Sie müssen kein eigenes Licht erzeugen!
Sie müssen keine Geistesblitze zünden!
Sie müssen überhaupt keine große Leuchte sein!
Jesus will, daß Sie Scheinwerfer sind, der sein Licht spiegelt,
bündelt und weiterstrahlt!

WIR BEKOMMEN DIE ABSTAMMUNG NICHT LOS

Ich bin in einer großen Familie aufgewachsen.
Als ich so 12 oder 14 Jahre alt wurde,
begann ich mich für meine Eltern und für meine Geschwister zu genieren.
Es war keinerlei Grund vorhanden,
aber ich genierte mich halt.
So nahm ich nicht mehr am Sonntagsspaziergang teil,
ging allein auf den Fußballplatz
oder spielte am liebsten mit meinen Freunden.
Aber wo ich auch hinkam,
sei es in ein Geschäft oder zu einem neuen Lehrer,
immer hieß es:
„Ach, du bist doch auch ein Eißler."
Ich konnte tun, was ich wollte,
ich bekam die Abstammung nicht los.
Sie können sagen:
„Das interessiert mich nicht, alles ist halb so wild!"
Auf Ihnen ruht der ewige Lichtschein Gottes.
Sie können bis zum Nordpol reisen
oder mit einer Mondfähre auf dem Nachtgestirn landen,
Gott holt Sie ein –
wie Jona.

WARTE!

Warten können wir nicht.
Geduld haben wir keine.
Unsere Geduld ist kein Drahtseil,
auf dem jeder tanzen kann.
Es geht uns alles über die Hutschnur.
Unsere Geduld ist eine Zündschnur;
zerrt einer, dann explodieren wir.
Warum eigentlich?
– Weil wir einfach keine Zeit haben.
Geduld und Zeit gehören zusammen.
1945 hieß es: Kein Brot.
1950 hieß es: Kein Geld.
Dann hieß es: Keine Zeit.
Wir leiden alle an zeitlicher Platzangst.
Wir sollten wieder die Bibel lesen:
„So seid nun geduldig bis auf die Zukunft des Herrn.
Siehe, ein Ackersmann wartet auf die köstliche Frucht"
(Jak. 5, 7).
Alles Hinausrennen auf die Äcker
nützt dem Bauern nichts.
Er muß warten.
Aber er weiß, daß die Ernte gewiß kommt.
Alles Herumrennen und Jagen nützt nichts.
Wir müssen warten.
Aber wir wissen, daß die letzte Ernte, der Sieg Gottes,
gewiß kommt.
Deshalb können wir geduldig sein.
Auch wenn wir in einem Engpaß sind,
auch wenn wir nicht recht durchblicken:
Wir haben Zeit.
Die letzte Ernte ist nicht aufzuhalten.

nachfolgen

WO SIND VORBILDER?

Drei Lehrer kommen zusammen, um ein vorbildliches Lesebuch für junge Menschen zusammenzustellen. „Unsere Aufgabe“, so sagen sie in dem Roman von Siegfried Lenz mit dem Titel „Das Vorbild“, „unsere Aufgabe ist es, der Jugend die Vorbilder zu zeigen, die unserer Zeit entsprechen.“
Die Lehrer wälzen Bücher, lesen Zeitschriften und studieren Zeitungen. Wer kann ein solches Vorbild sein, das unserer Zeit entspricht?
Die Lehrer sind sich nicht schlüssig. Alle Geschichten, die sie sich ausgesucht haben, taugen nicht für ihr Buch.
Viele Namen liegen auf dem Tisch, bekannte Namen und große Namen, gefeierte Namen und gefürchtete Namen, eindrückliche Namen und unvergeßliche Namen –
aber vorbildliche Namen?
Die Lehrer verzweifeln an ihrer Aufgabe: „Wir brauchen Vorbilder, aber wo sind sie?“
Das Lesebuch erscheint nicht.

Andere Bücher sind erschienen.
Biographien über gescheite Leute, Memoiren von alten Politikern, Bildbände über beliebte Stars, Taschenbuchausgaben von maßgeblichen Ideologen, Paperbacks neuer Religionsstifter.
Salomo hat recht: „Des vielen Büchermachens ist kein Ende."
Wir beobachten eine Inflation von Namen, auch bekannten und großen Namen, eindrücklichen und unvergeßlichen Namen, aber vorbildliche Namen?
Solche, die einem Schwankenden Richtung bedeuten könnten im Durcheinander von Meinungen und Anschauungen?
Solche, die einem Zweifler Gewißheit geben könnten im Massenangebot von Religionen und Heilslehren?
Solche, die einem Verängstigten Freude schenken könnten im Leistungsdruck von Tests und Auswahlverfahren?
Namen, die Trauernden Zuspruch und Frustrierten Sinn vermitteln könnten?
Wir brauchen solche. Aber wo sind sie?

SICH ENTSCHEIDEN KÖNNEN

Ein Schüler sieht seine Kameraden.
Sie haben sich schon längst vom Religionsunterricht abgemeldet.
Soll er mit ihnen die Hohlstunde zur Zigarettenpause machen?
Jesus sagt ihm: Folge mir!
Ein Mädchen sieht ihren Freund.
Er ist nett, bescheiden, klug. Aber vom Glauben hält er nichts.
Jesus sagt ihr: Folge mir!
Eltern sehen ihre Kinder.
Sie leben nach eigenen Maßstäben: Nur nicht fromm werden wie die Alten!
Jesus sagt den Eltern: Folget mir!
Kinder sehen ihre Eltern.
Sie haben kein Verständnis für eine Glaubensentscheidung.
Kinder, die das Elterngebot ernstnehmen wollen, aber nicht können,
weil Jesus zu ihnen sagt: Folget mir!
Jesus trennt
den Schüler von seinen Kameraden,
das Mädchen von ihrem Freund,
die Eltern von ihren Kindern
und die Kinder von ihren Eltern.
Jesus trennt nicht, um weh zu tun,
sondern um einen neuen Weg zu ermöglichen.
Wer sich von Liebem trennen läßt,
wird den lieben können,
der uns lieber werden will als alles auf der Welt.

ALLE SIND FREUNDLICH EINGELADEN

Jesus sagt: Folge mir!
Das ist Einladung.
Sein Zug steht am Bahnsteig unseres Lebens. Er hat offene Türen wie die Wagen bei der Bundesbahn.
Bitte einsteigen! Viele steigen ein.
Und Sie?
Immer wieder muß ich hören, wie schwierig die Nachfolge sei.
Konfirmanden sagen: Man muß zur Kirche gehen!
Junge Leute sagen: Man muß die Gebote halten!
Erwachsene sagen: Man muß die Bibel lesen!
Alte sagen: Man muß die Hände falten!
Jesus sagt: Man muß überhaupt nicht. Man darf.
Jeder kann auf seinem Koffer sitzenbleiben.
Nachfolge ist kein harter Befehl,
sondern freundliche Einladung.
Wer aber ans Ziel kommen will,
muß in den Zug einsteigen.
Wer zum Glauben kommen will,
muß ein paar Schritte tun.
Deshalb lädt Jesus ein: Folge mir nach!

AUS EINEM GUSS

Bei uns werden Walzen gegossen. Ein aufregender Augenblick.
Der glühende und sprühende Eisenbrei schießt in die Form.
Der Gießer läßt kein Auge davon. Stimmt die Temperatur?
Ist die Farbe richtig?
Hält der Mantel?
In wenigen Sekunden ist alles entschieden. Eine spätere Korrektur ist unmöglich.
Das Material verbindet sich nicht mehr. Es bricht bei der ersten Belastungsprobe. Nur Walzen aus einem Guß haben Wert.
Nur Walzen aus einem Guß können verwendet werden.
„Darum sollt ihr vollkommen sein", sagt die Bibel.
Das heißt: darum sollt ihr Christen aus einem Guß sein.
Manche meinen, man könne das Christentum angießen.
Zum Beispiel bei der Hochzeit.
Normal schafft man es ganz gut ohne diesen Gott. Aber an solch einem Tag muß vor dem Altar angestückelt werden, damit die ganze Länge und Größe des Festes erreicht wird.
Dieses Christentum zerbricht bei der ersten Belastungsprobe.
Nur Christen aus einem Guß haben Wert.
Christen aus einem Guß können gebraucht werden.

„WOLLT IHR AUCH WEGGEHEN?“

Eine bohrende Frage. Jesus stellte sie seinen Jüngern,
als immer mehr Leute abhängten und hinter ihre frühere
Entscheidung zurücktraten.
Wollen Sie auch weggehen?
Sie sind heute gefragt.
Ich kenne Menschen, denen die Botschaft von Jesus bei der
Konfirmation begegnet ist.
Sie gelobten: „Jesus, Dir leb ich, Dir leid ich, Dir sterb ich.“
Aber nach wenigen Jahren gingen sie weg, als ob nichts gelobt
worden wäre.
Ich kenne Menschen, die auf Freizeiten Jesus entdeckt
und ein offenes Ja zu ihm gesagt haben.
Dann entdeckten sie andere Größen, und sie gingen weg,
als ob nichts entdeckt worden wäre.
Ich kenne Männer, die in russischer Gefangenschaft lebten.
In sibirischer Einsamkeit schrien sie zu Gott: „Wenn Du mich
wieder nach Hause bringst, dann, dann soll Dir mein Leben
gehören.“
Sie wurden entlassen, in der Friedländer Kapelle gab es noch
einen Dankgottesdienst, dann gingen sie heim, als ob nichts
versprochen worden wäre.
Wer einmal zu Jesus kam und dann von ihm wegging,
wird diese Erfahrung für den Rest des Lebens nicht mehr los.
Viele leben mit der Wunde der Abkehr von ihrem Herrn.
Wollen Sie auch weggehen?
Wer diese Frage hört, kommt um eine klare und verbindliche
Entscheidung nicht herum.
Ich möchte Sie noch daran erinnern, daß der, der von uns
Entscheidungen fordert, sich für uns entschieden hat.
Petrus hat das kapiert. Seine Antwort lautete so:
„Herr, wohin sollen wir gehen?
Du hast Worte des ewigen Lebens,
und wir haben geglaubt und erkannt,
daß Du der Heilige Gottes bist.“

„KOMMT GLEICH. MANN BETET."

Achmed, der kaffeebraune Fahrer der deutschen Botschaft im Sudan, begleitete mich zur Bank des Flughafens Khartum. Nur dort ist es möglich, Deutsche Mark in sudanesische Piaster umzutauschen.
Über dem Schalter entzifferte ich die bronzenen Buchstaben: „Die Bank von Sudan ist Tag und Nacht geöffnet", aber das Gitter war heruntergelassen. Achmed hatte mir mit Stolz vom internationalen Service seiner Hauptstadt berichtet, aber die Bank war zu.
„Wait a minute", tröstete mich mein Begleiter. Ich wartete fünf Minuten, 10 Minuten, 15 Minuten. Achmed hatte schon die dritte Zigarette mit dem Schuh ausgedrückt. Als er meine Nervosität spürte, lächelte er: „Deutsche Aufregung nix gut; kommt gleich; Mann betet."
Nach 20 Minuten erschien der blutjunge Bankangestellte mit einem Gebetsteppich unter dem Arm. Er schob das Eisengitter zurück und sagte freundlich: „Der Nächste bitte."
Dieser Mann gab mir zu denken. Irgendwie beschämte er mich. Er nahm sich Zeit zum Beten. Sicher ruft uns kein Muezzin vom Minarett, aber Jesus mahnte immer wieder zum Beten. Sicher haben wir keinen Koran mit vielen Suren, die zum Einhalten von Gebetszeiten verpflichten, aber die Bibel sagt: Betet ohne Unterlaß.
Und wenn die Bank von Sudan geschlossen bleiben kann – sollten dann unsere Geschäfte so wichtig sein, daß sie keine Unterbrechung erlauben?

EIN DUMMER TRÄUMER?

War Ferdinand Zeppelin ein dummer Träumer?
Mit 52 Jahren begann er, allen Warnungen der Sachverständigen zum Trotz, seine Lieblingsidee zu verwirklichen.
Nach 10 Jahren harter Arbeit stieg um die Jahrhundertwende das erste Luftschiff auf.
LZ 2 wurde beschädigt und mußte abmontiert werden.
LZ 3 wurde in einer Halle von einem Sturm zerstört.
Als LZ 4 im Triumph von einer Rundfahrt über Süddeutschland zurückkehrte, geschah 1908 jenes entsetzliche Unglück bei Echterdingen, bei dem das Luftschiff in wenigen Minuten völlig ausbrannte.
Aber der Graf fand nach dem Unglück das Wort aus der Bibel, das ihm Kraft zum Weitermachen gab:
„Die Güte des Herrn ist's, daß wir nicht gar aus sind."
Dieser unkomplizierte Glaube war seit seiner Jugend lebendig.
Als 15jähriger schenkte er seinem Lehrer ein Andachtsbuch und schrieb darin eine Widmung:
„Das Gebet scheint mir eine Waffe zu sein, die uns der liebe Gott selbst geschenkt hat, um nach seiner Verheißung durch unseren treuen Heiland und Erlöser den Teufel, die Pforten der Hölle zu überwinden und uns das Himmelreich zu erkämpfen."
Ein dummer Träumer?

Jona

UND GOTT REDET

Irgendwo las ich diese Geschichte.
Einer hat sie erzählt, der auf dem Appellplatz im Lager Buchenwald gestanden hat –
grenzenlos allein, unheimlich gefangen, ohne Glauben, entschlossen, in der nächsten Nacht in den elektrischen Zaun zu gehen.
Da hörte man eine klare Stimme über den Platz der 20 000 Gefangenen schallen. Diese Stimme rief aus dem Fenster einer Bunkerzelle:
„Jesus Christus spricht: Ich bin das Licht der Welt."
Das war die Stimme des Pfarrers Paul Schneider. Und der dies erzählte, sagte:
„Er hat mich durch diesen Ruf gerettet. Von da an wußte ich, daß doch einer bei mir ist."
Sie haben Paul Schneider für seinen Ruf geschlagen und stumm gemacht. Aber Gott hat ihn als Boten gesandt, um Menschen zu retten.
Heute sind viele gefangen, viele einsam, viele verzweifelt, viele sogar bereit, in den Tod zu gehen.
Sie warten auf ein Wort.
Paul Schneider konnte nur noch rufen, aber er gab für sein Zeugnis seinen geschundenen Leib und sein Leben, damit andere gerettet werden.
Gott ruft: „Wen soll ich senden?" – „Herr, sende mich."

FREUDE MACHEN

Die Tatsache,
daß uns Jesus sucht und findet,
gibt Freude in unser Herz.
Nur eins:
Diese Freude darf nicht im Herzen
abgelagert werden.
Mit der Freude ist es nämlich nicht
wie mit dem Wein,
der bei der Lagerung
immer besser wird.
Mit der Freude ist es
wie mit Milch,
die bei der Lagerung sauer wird.
Ich kenne viele saure Christen,
richtige Sauermilchchristen.
Sie haben einmal die Freude erlebt,
aber dann haben sie sie
in ihre Herzkammer eingelagert
wie in eine Speisekammer.
Dort ist die Freude sauer geworden. –
Freude hat man zum Weitergeben!
Freude hat man zum Transportieren!
Freude hat man zum Freudemachen!
Und Freudemachen ist doch
die größte Freude. –
Oder nicht?

FERIEN VOM ICH

Ferien vom Ich. So hieß ein Film.
Ferien vom Ich. So heißt unser Traum.
Ferien vom schulischen Ich;
Schluß mit den Tests und Klassenarbeiten!
Ferien vom beruflichen Ich;
weg mit Stempeluhren und Akkordzetteln.
Ferien vom häuslichen Ich;
endlich Tapetenwechsel und neue Gesichter.
Ferien vom alten Ich!
Dieser Traum muß Wirklichkeit werden.
Nur eines gibt es nicht:
Ferien vom neuen Ich.
Ein Schüler kann die Mappe in die Ecke pfeffern.
Ein Arbeiter kann seinen Arbeitsanzug in den Spind hängen.
Jeder kann den Koffer packen und den Hut nehmen.
Das Christsein aber kann niemand loswerden.
Urlaub vom Christsein ist unmöglich.
Der Christ ist immer im Dienst.
Gottesdienst – Gebetsdienst – Hilfsdienst.
Warum?
Jesus hat gesagt: „Ich bin bei euch alle Tage."
Wenn Er sich bei uns keinen Tag frei nimmt,
können wir uns doch bei ihm nicht beurlauben.

„PAPA, AUF GEHT'S!"

„Steig aus und wandere!" heißt die eine Aufforderung an alle vierrädrigen Zeitgenossen. Die andere lautet: „Trimm dich!" Einmal bin ich den Trimmern gefolgt. Trimmen, so belehrte mich der Duden, heißt entweder „das Schiff in ordentlichen und gepflegten Zustand bringen" oder „Hunden das Fell scheren", Ich beabsichtigte also, mein Lebensschiff in ordentlichen Zustand zu bringen, ohne dabei auf den Hund zu kommen.

Um es vorwegzusagen – beides ist mir gründlich mißlungen. Die zwanzig verweltlichten Kreuzweg-Stationen auf der Vita-Lebensbahn legten mich aufs Kreuz. Dem Kentern nahe und hundeelend schleppte ich mich durchs Ziel.

Dabei fing es ganz ordentlich an. Bei der ersten Tafel verneigte ich mich wie die Baalspriester auf dem Karmel. Aber schon am Reck hing ich wie Absalom zwischen Himmel und Erde. Dann drückte mir ein runder Balken beinahe das Genick ab. Ich verstand den alten Jeremia, der einmal sagte, daß es ein köstlich Ding sei, das Joch in seiner Jugend zu tragen – und nicht erst mit Vierzig! Es sollte noch schlimmer kommen: der Sprung in die Sandgrube. Eigentlich wollte ich mir diesen Höhepunkt ersparen, und ich wußte mit Jakob: „Ich werde mit Leid hinunterfahren in die Grube." Aber meine Buben riefen: „Papa, auf geht's!" Dann fiel ich – und es tat einen großen Fall.

Ich will Sie auf keinen Fall von dieser Neuauflage mittelalterlicher Foltermethoden abhalten. Suum cuique, jedem das Seine. Aber bei mir hat's ausgetrimmt.

Ich werde mich künftig der Wanderpfade erfreuen, Gottes herrliche Schöpfung genießen und gegen jedes „Trimm-Dich!" mein „Geh aus" singen, so wie es in meinem Gesangbuch steht: „Geh aus mein Herz und suche Freud . . ."

Nützen wir die freie Zeit fürs Gebet. Beten ist Atemholen des Geistes und der Seele.

GUT LACHEN

In der DDR soll mehr gelacht werden.
So will es die dortige Regierung, die auf einem Parteitag forderte, „eine bestimmte Langeweile zu überwinden".
Mit tierischem Ernst und deutscher Gründlichkeit wird untersucht, was Heiterkeit ist und wie und warum sie entsteht.
Eine Ostberliner Illustrierte rühmte über neun Seiten den Wert des Lachens.
Eine Ärztin lobte: „Lachen steigert das Lebensgefühl und regt den Kreislauf an, der Brustkorb wird gedehnt, die Atmung günstig beeinflußt."
Ein Ökonom freute sich: „Bei uns kann man gut lachen, vor allem in den Bereichen, wo von Anfang an plangerecht gearbeitet wird."
Der Leser lernte, daß „zum Lächeln nur dreizehn, zum Stirnrunzeln jedoch fünfzig Muskeln bewegt werden müssen".
„Lacht mehr, Genossen!"
Sind solche Aufrufe nicht zum Weinen?
Bitte, wir haben keinen Grund zur Überheblichkeit, denn unser Lachen besteht doch oft nur noch aus vordergründigem und oft zweideutigem Humor.
Mich beeindruckt das Osterlachen orthodoxer Christen.
Sie lachen, weil Jesus auferstanden ist.
Auch Paul Gerhardt hat in seinem Osterlied, das jeder Christ als eiserne Ration in seinem Gedächtnis haben müßte, darauf hingewiesen:
„Das ist mir anzuschauen ein rechtes Freudenspiel.
Nun soll mir nicht mehr grauen vor allem, was mir will entnehmen meinen Mut ... Die Welt ist mir ein Lachen mit ihrem großen Zorn, sie zürnt und kann nichts machen, all Arbeit ist verlorn ..."
Jesus hat mit seiner Auferstehung den Tod entmachtet und dem Leben einen neuen Sinn gegeben.
Wer dies weiß, hat gut lachen.

GOTT MACHT HEIL

Soldaten sind an der Front.
Vier werden zum Essenholen abkommandiert.
Unterwegs finden sie
einen erschossenen Pionier.
Sein Körper ist noch zur Hälfte da.
Sie schleppen ihn in einer Zeltplane zurück.
Kurz vor dem Ziel explodiert eine Granate.
Alles ist in gleißendes Licht getaucht.
„Da wußte ich“, so schrieb es einer,
„daß ich an einem andern Ziel war
und wahrheitsgemäß vier
und einen halben würde melden müssen.
Als ich vor mich hinsagte: Viereinhalb,
spricht eine große und liebevolle Stimme: Fünf.“
Gott kennt keine halben Leiber.
Gott kennt keine

zerschundenen Leiber.
Gott kennt keine zerteilten Leiber.
Gott macht in seinem Reich wieder heil.
Grabsteine sind keine Siegel der Endgültigkeit.
Verwesungsgeruch ist nicht
das Letzte über unsere Welt.
Friedhofsruhe wird nicht unsere Zukunft sein.
Auch wenn wir kaputt machen
oder kaputtgemacht werden. –
Gott macht heil.
Auch wenn wir Unheil anrichten
oder Unheil erleiden. –
Gott macht heil.
Auch wenn wir tödliche Wunden schlagen
oder solche abbekommen. –
Gott macht heil.

IHRE CHANCE

Unser Aufbau geht weiter.
Tüchtige Fachkräfte finden bei uns sichere Arbeitsplätze.
Aufstiegsmöglichkeiten bei entsprechender Qualifikation.
Besuchen Sie uns,
schreiben Sie uns
oder rufen Sie uns einfach an.
Wir bieten jedem eine echte Chance.

So hieß die Anzeige. So heißen tausend Anzeigen!
So heißt Gottes Anzeige: „Mitarbeiter gesucht."
Sein Werk hat ganz klein angefangen.
Der Start war im Schuppen eines Provinznestes.
Die ersten Mitarbeiter wurden von der Straße weg angeworben.
Außenhandelsvertreter durchzogen den kleinasiatischen Raum.
Sie gründeten Niederlassungen in Korinth, in Ephesus, in Rom.
Der Aufbau ging stetig weiter.
So kam es zu uns.
Das Werk ist fast 2000 Jahre alt.
Die Erweiterungspläne sind aber keineswegs abgeschlossen.
Das Aufbauwerk will unter jedes Dach kommen.
Der Marktanteil des Christentums soll bis zur Vollzähligkeit steigen.
Deshalb sind Arbeitsplätze zu besetzen:
– die Heimarbeit des stillen Gebets;
– die nebenamtliche Tätigkeit als Jugendleiter oder Posaunenbläser;
– die hauptamtliche Tätigkeit als Diakon oder Missionar;
– für Mitarbeiter, die sich nach ihren Gaben einsetzen lassen.
Dringend Arbeiter in der Ernte gesucht!

STERBEN WIR – SO LEBEN WIR

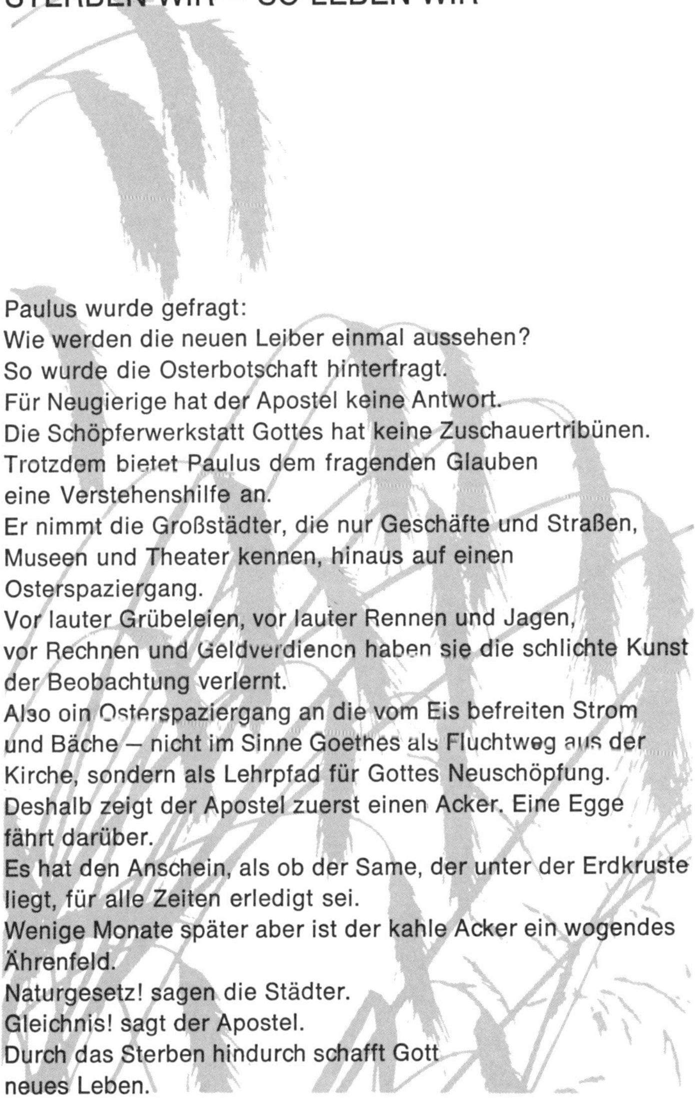

Paulus wurde gefragt:
Wie werden die neuen Leiber einmal aussehen?
So wurde die Osterbotschaft hinterfragt.
Für Neugierige hat der Apostel keine Antwort.
Die Schöpferwerkstatt Gottes hat keine Zuschauertribünen.
Trotzdem bietet Paulus dem fragenden Glauben
eine Verstehenshilfe an.
Er nimmt die Großstädter, die nur Geschäfte und Straßen,
Museen und Theater kennen, hinaus auf einen
Osterspaziergang.
Vor lauter Grübeleien, vor lauter Rennen und Jagen,
vor Rechnen und Geldverdienen haben sie die schlichte Kunst
der Beobachtung verlernt.
Also ein Osterspaziergang an die vom Eis befreiten Strom
und Bäche – nicht im Sinne Goethes als Fluchtweg aus der
Kirche, sondern als Lehrpfad für Gottes Neuschöpfung.
Deshalb zeigt der Apostel zuerst einen Acker. Eine Egge
fährt darüber.
Es hat den Anschein, als ob der Same, der unter der Erdkruste
liegt, für alle Zeiten erledigt sei.
Wenige Monate später aber ist der kahle Acker ein wogendes
Ährenfeld.
Naturgesetz! sagen die Städter.
Gleichnis! sagt der Apostel.
Durch das Sterben hindurch schafft Gott
neues Leben.

GANZ

Da ist eine Raupe, die sich mühsam von einem Grashalm zum andern schleppt.
Sie puppt und spinnt sich wie in ein Sterbekleid.
Und über Nacht steigt aus der Hülle ein leuchtender Falter, der sich in die Luft schwingt.
Naturgesetz! sagen die Städter.
Gleichnis! sagt der Apostel Paulus.
Durch die Verwandlung hindurch schafft Gott neues Leben.
Paulus dehnt seinen Spaziergang aus.
Er zeigt die Tiere im Wald, Rehe und Hasen, die Vögel unter dem Himmel, Bussard und Lerche, die Fische im Wasser, Forelle und Aal.

NEU!

Er zeigt die tausend Blüten auf der Wiese, und dann die Sonne in strahlendem Licht.
Natur! sagen die Städter.
Schaubild! sagt der Apostel.
Welch eine Fülle von Lebensformen stehen Gott zur Verfügung.
Er ist kein Gott der Schablone und der Langeweile, der seine Geschöpfe in Uniformen steckt. Unerschöpflich ist der Reichtum seiner Phantasie.
Gott macht neu durch Sterben hindurch.
Gott macht neu durch Verwandlung.
Gott macht neu durch Gestaltungskraft.
Gott macht ganz neu.

MAGAZINER GOTTES

Als Student verdiente ich ein paar Pfennige in der Fabrik. Es war schon kluge Voraussicht des Meisters, daß er meine beiden linken Hände nicht an einer wertvollen Maschine beschäftigte.
So kam ich in das Lager und wurde Magaziner genannt.
Ich verwaltete die Materialien und Werkzeuge.
Arbeiter kamen und holten bei mir ab. Bald merkte ich, wie wichtig meine Beschäftigung war. Hätte ich keine Bohrer und Schrauben mehr herausgegeben, so wäre die ganze Abteilung zum Stillstand gekommen.
Jeder Christ ist Magaziner Gottes – nicht selbständiger Unternehmer in Sachen Religion.
Austeilen ist unser Amt.
Wenn wir auf den Beständen sitzenbleiben, geht es nicht mehr weiter.
So wie die Hirten auf dem Felde von Bethlehem.
Sie wußten sicher nicht, was ein Lesebuch war. Ein wuchtiger Schlag mit der Schippe war die einzige Handschrift, die sie schrieben.
Von ihnen heißt es: „Da sie es gesehen hatten, breiteten sie das Wort aus, welches ihnen von dem Kind gesagt ward."
Magaziner Gottes!
So wie der Jugendleiter, der nicht nur das Spielmagazin öffnet, sondern auch die Bibel, und von dem austeilt, was er gelesen hat.
Magaziner Gottes!
So wie der junge Mann, der seinen Vereinskameraden sagt: „Entschuldigt, aber am Sonntagmorgen habe ich Dienst, Dienst für Gott, Gottesdienst, da könnt ihr nicht mit mir rechnen!" Magaziner Gottes!

BÜTTEL GOTTES

Der bei einem Autounfall verunglückte Missions-
wissenschaftler Jan Hermelink hat gesagt:
„Je bedrängender die Fragen werden,
je verworrener die Lage der Völker,
um so deutlicher wird man zu spüren bekommen:
Habt ihr nichts zu sagen zu den Fragen:
Krieg und Frieden,
nichts zur Unterdrückung der Völker,
nichts zur gerechten Güterverteilung?
Die Zeugnisse aus dem Anfang der Christenheit
geben die Antwort:
Wir haben in der Tat nur das Wort von Jesus Christus.
Das aber ist kein Nichts angesichts der Nöte der Welt,
sondern alles."
Das Wort von Jesus Christus ist gute Nachricht.
Ohne sie ist die Welt arm.
Deshalb braucht es Büttel Gottes,
die sie weitersagen:
„Uns ist eine Welt anheimgegeben, in der der Tod sein
Büttelrecht verwirkt" (Hagelstange).

GNADE IST ALLES

Der französische Katholik Bernanos schließt sein „Tagebuch eines Landpfarrers“ mit einem merkwürdigen Brief.
Darin erzählt er von einem Schwerkranken, der bei einem seiner Freunde als Gast einkehrt und in der Nacht von einem Blutsturz überrascht wird.
Er schickt unverzüglich zum Priester, damit die letzte Ölung vorgenommen werden kann.
Aber der Gast stirbt, bevor der Priester eintrifft.
Mit dem letzten Rest von Kraft, die dem Sterbenden bleibt, haucht er seinem Gastgeber ins Ohr, womit dieses Tagebuch schließt:
„Was macht das schon aus? Gnade ist alles.“
Es gibt Menschen unter uns,
die krank sind,
die verzweifelt sind,
die mutlos sind,
die verängstigt sind.
Darf ich Sie mit dem unbekannten Gast fragen:
Was macht das schon aus? Gnade ist alles.
Gnade ist genug zum Leben und Sterben.
Gnade rüstet gerade die Schwachen mit Kraft aus und macht sie zu Zeugen seines Sieges.
Mehr als die Gnade brauchen wir nicht.

UNTERWEGS – WOHIN?

Silvester ist der Kilometerstein an der Straße.
Silvester ist der Lichtmast an der Bahn.
Man sitzt im D-Zug-Abteil.
Nichts erinnert an Fahrt.
Auf einmal huscht ein Leitungsmast am Fenster vorbei.
Er zeigt an, daß man unterwegs ist.
Silvester zeigt an, daß wir unterwegs sind.
365 Schwellen sind überfahren.
Mancherlei Stationen wurden passiert.
Einige Menschen sind ausgestiegen.
Es gab einen schmerzlichen Abschied.
Gott sei Dank passierte kein größeres Unglück.
Vor einem Zusammenstoß wurden wir bewahrt.
Wir sind unterwegs.
Unterwegs – wohin?
Sie sind unterwegs.
Unterwegs – wohin?
„Wer vom Ziel nichts weiß, kann den Weg nicht haben,
wird im selben Kreis all sein Leben traben“,
sagt Christian Morgenstern.
Deshalb betet Otto Riethmüller:
„Herr, wir gehen Hand in Hand, Wandrer nach dem Vaterland;
laß dein Antlitz mit uns gehn, bis wir ganz im Lichte stehn.“

Gemeinschaft der Heiligen werden

KEINE GEMEINSCHAFT OHNE PFINGSTEN

Apollos war willig, aber eine wichtige Aussage im Text ist nicht zu überhören: „Er wußte allein von der Taufe des Johannes.“ Das heißt: Apollos wußte von Jesu Wort und Leben, er wußte von Tod und Auferstehung, er wußte von Karfreitag und Ostern, aber – er wußte nichts von Pfingsten.
Ihm fehlte das, was Jesus von Johannes einmal sagte:
„Der Kleinste im Himmelreich ist größer denn Johannes.“ –
Dem Apollos fehlte der Heilige Geist.
Das gibt es:
Christentum ohne den 3. Artikel,
Christentum ohne die göttliche Kraft,
Christentum ohne den christlichen Geist, das ist
wie ein Flußbett ohne Wasser,
wie eine Taschenlampe ohne Batterien,
wie ein Moped ohne Motor.
Christentum ohne den Heiligen Geist ist ein kompletter Krampf, der einem mit der Zeit auf die Nerven geht.
Ohne den Heiligen Geist bleiben wir ewig Hilfsarbeiter, die schließlich müde werden und den ganzen Bettel hinwerfen.

Wieviele Mitarbeiter in unseren Kreisen stehlen sich nach wenigen Jahren klammheimlich davon und wollen mit der Sache nichts mehr zu tun haben?
Apollos wurde Facharbeiter. Dazu brauchte er kein ekstatisches Erlebnis. Dazu brauchte er erst recht keine Fachsemester, Fachkurse oder ein Fachstudium.
Er brauchte ganz schlicht und einfach einen Hauskreis.
Ein einfaches, aber erwecktes Ehepaar lud den Mann zum Bibelgespräch ein.
Stille Stunden über dem Worte Gottes.
Der gescheite Mann war sich nicht zu gut, um auf einfache Leute zu hören. Er spürte, daß dieser Aquila und diese Priscilla hatten, was er mit seiner ganzen Gehirnmasse nicht erreichen konnte, nämlich den Heiligen Geist.
Und was auf der Hochschule von Alexandrien nicht möglich war, das passierte in der Arbeiterwohnung von Ephesus:
In einem Leben wurde Pfingsten.
Aus einer Religion wurde Glaube.
Ein Hilfsarbeiter wurde zum Facharbeiter.

DER FADEN NACH OBEN

Es war einmal – eine Spinne.
In ihrem Netz lebte sie herrlich und in Freuden.
Alles war gut, bis sie hörte: „Die Welt ist anders geworden.“
„Anpassen“, „Altes aufgeben“, „Rationalisieren“.
Die Spinne war nie aufgeregt, aber der Vorwurf der Rückständigkeit machte sie nervös.
Umgehend inspizierte sie ihren ganzen Betrieb. Aber kein Faden war überflüssig, jeder war für das Geschäft dringend notwendig.

Fast verzweifelt und wegen dieser Aufregung einem Herzinfarkt nahe, fand sie schließlich einen Faden, der senkrecht nach oben lief.
Dieser hatte noch nie eine Fliege eingebracht.
Dieser hatte noch nie seinen Wert erwiesen.
Dieser war wirklich überflüssig.
Schnell biß sie den Faden ab. Aber das ganze Netz fiel in sich zusammen. Es war der Faden, an dem das ganze Gewebe aufgehängt war. An dem einzigen Faden nach oben hing alles.

Es war einmal – ein Jugendkreis.
In seinem Heim lebte er herrlich und in Freuden.
Alles war gut, bis er hörte: „Die Jugend ist anders geworden."
„Moderne Formen", „Offene Arbeit".
Die Verantwortlichen wurden nervös. Das ganze Programm wurde unter die Lupe genommen.
Aber jeder Abend war dringend notwendig, vom Ringelpiez bis zum Kegelschieben. Wie war noch der Verdacht der Rückständigkeit abzuwälzen?
Richtig, der Bibelabend war überholt!
Dieser hatte noch nicht einen einzigen Mann gewonnen.
Dieser hat nur seinen „fortlaufenden" Erfolg erwiesen.
Dieser war wirklich überflüssig.
Schnell setzte man den Bibelabend ab. Aber der ganzen Kreis fiel auseinander. An dieser einzigen Verbindung nach oben hing alles.
„Trachtet nach dem, was droben ist" (Kol. 3, 2).
Wirklich, an der einzigen Verbindung nach oben hängt alles.

SPÜREN WIR DEN FAHRTWIND?

Ich möchte Ihnen eine kleine Geschichte erzählen. Sie stammt von dem dänischen Religionsphilosophen Sören Kierkegaard:
„Es war ein reicher Mann, der ließ im Ausland für einen hohen Preis ein Paar ausgezeichnete, makellose Pferde erstehen, die er zu seinem eigenen Vergnügen haben wollte und zum Vergnügen, sie selbst zu fahren. Es vergingen zwei Jahre. Wenn einer, der diese Pferde vorher gekannt hatte, ihn nun sah, wie er mit ihnen fuhr, der hätte sie niemals wiedererkannt. Das Auge war matt und schläfrig geworden, der Gang ohne Haltung und Straffheit; sie wurden launisch und störrisch, und obschon sie das beste Futter im Überfluß hatten, magerten sie doch ab von einem Tag zum andern.
Da ließ er den Kutscher des Königs kommen. Der fuhr sie einen Monat lang, und es gab in der ganzen Gegend kein Paar Pferde, das die Köpfe so stolz erhoben trug. Woran lag das? Das ist leicht zu erklären: der Besitzer, der ohne Kutscher zu sein, doch selbst Kutscher spielen wollte, fuhr die Pferde nach dem Verstand der Pferde.
Der königliche Kutscher dagegen fuhr sie nach dem Verstand des Kutschers, der weiß, was fahren heißt."
Der Erzähler will sagen:
Es ist ein Unterschied, wer die Zügel führt.

Es ist ein Unterschied nicht nur bei Kutschpferden,
sondern auch bei Menschen.
Auch wir sind an die Deichsel gespannt. Jeder muß heute
seinen Karren ziehen.
Es ist ein Unterschied, wer die Zügel führt, auch und gerade
bei Christen.
Sie sollen ja nicht nur fromm Karussellfahren, sich um die
eigene Achse drehen, sondern darauf bedacht sein,
daß sie das Evangelium leben.
Der Wagon des Evangeliums muß in Fahrt kommen.
Aber warum geht es in den Kreisen nur so mühsam voran?
Kierkegaard hat die Bibel belauscht und Paulus richtig
verstanden.
Er sagt: Der rechte, der königliche Kutscher fehlt.
Der müßte die Zügel wieder in die Hand nehmen – wie damals
am Pfingstmorgen, als der gewaltige Wind zum Fahrtwind
der Gemeinde wurde und sich auf einen Schlag 3000 Menschen
bekehrten.
Paulus will – und er versteht den Heiligen Geist als neuen
Antrieb, als treibende Kraft, als Motor –, daß die Sache Jesu
weitergeht,
daß sich die Räder wieder drehen.

LICHTGEBURTEN

Nehmen Sie einen Philodendron!
Kaufen Sie den teuersten Blumentopf dazu!
Füllen Sie ihn mit dem besten Humus!
Düngen Sie ihn mit dem Super-Mairol!
Begießen Sie ihn mit dem weichesten Regenwasser!
Stellen Sie ihn in den Keller!
Dann stirbt er ab!
Erst im Licht beginnt die Pflanze zu treiben.
Warum?
Die Pflanze schafft aus Licht organische Substanz. Man nennt dies Photogenese, zu deutsch: Lichtgeburt.
Jede Pflanze ist eine Lichtgeburt.
Und jeder Christ ist eine Lichtgeburt.

Nehmen Sie das teuerste Gemeindehaus!
Laden Sie zum Klasse-Club!
Bieten Sie das tollste Programm!
Überschlagen Sie sich mit Einfällen!
Bleiben Sie bei den modernsten Hits!
Meiden Sie Gottes Wort!
Dann stirbt der Club!
Erst im Licht der Bibel beginnt der Kreis zu wachsen.
Warum?
Gottes Geist schafft Christen.
Und Gott macht Gruppen, Kreise, Clubs, Gemeinden lebendig.
Alles andere ist verkehrte Welt!

AKTIVISMUS

Täglich krachen Autos aufeinander.
Eine kleine Unaufmerksamkeit,
das Verkehrszeichen ist übersehen –
und schon ist es passiert.
Bremsen kreischen, Räder radieren,
Blech zerknüllt wie Vesperbrotpapier.
Autokollision!
Aber heute stoßen nicht nur Autos auf der Straße zusammen,
sondern auch Pflichten im Alltag.
Man heißt das Pflichtenkollision.
„Ich würde gern kommen, aber donnerstags habe ich Training",
sagt der Vierzehnjährige.
Der junge Mann sieht keinen freien Abend
zwischen seinem eigenen Vergnügen und seinen
Verpflichtungen.
Der Gehetzte zeigt seinen Taschenkalender:
„Ich muß dabei sein, wenn . . .,
hier muß ich mich sehen lassen . . .,
die Sitzung muß ich unbedingt mitmachen."
Wo müssen wir eigentlich wirklich sein?
Jesus hat gesagt:
„Wisset ihr nicht, daß ich sein muß, wo Gott ist?"
Das muß beachtet werden.
Wo es um seine Sache geht, darf ich nicht fehlen.
Und wenn alles schreit: „Drückeberger!"
so wisse:
Es gibt nur einen wichtigen Termin,
nämlich dort zu sein, wo sein Reich gebaut wird.

HERR PFARRER, DIE GEMEINDE IST TOT

Dem amerikanischen Pfarrer Herbert Wright wurde immer wieder gesagt:
„Herr Pfarrer, die Gemeinde ist tot. Niemand will etwas von Ihnen wissen."
Und sonntags predigte er vor leeren Bänken.
Dann gab er eine Zeitungsanzeige mit schwarzem Rand auf:
„Mit dem Ausdruck tiefsten Bedauerns meldet der Pfarrer den Tod der Gemeinde. Trauerfeier am Sonntag um 11 Uhr."
Die Kirche war rappelvoll. Gespannt sah alles auf den schlichten Sarg vor dem Altar.
Der Pfarrer stieg auf die Kanzel:
„Sie halten die Gemeinde für tot. Ich bitte Sie um eine letzte Prüfung Ihrer Ansicht. Gehen Sie an dem Sarg vorbei und sehen den Toten an. Dann verlassen Sie die Kirche durch das Ostportal. Sollten Sie aber zur Ansicht gelangen, die Gemeinde lasse sich noch einmal beleben, dann bitte ich Sie, wieder durch das Nordportal hereinzukommen."
Einer nach dem andern trat nach vorne an den Sarg, verließ die Kirche durch das Ostportal – und einer nach dem andern kehrte durch das Nordportal wieder zurück. Denn alle sahen im Sarg nicht die ganze tote Gemeinde, sondern nur eines ihrer toten Glieder, nämlich sich selbst im Spiegel.
Gemeinde, das sind wir.
Wenn wir tot sind, dann ist die Gemeinde tot.
Wenn wir lebendig sind, dann ist die Gemeinde lebendig.
Wenn wir uns bewegen, dann bewegt sich die Gemeinde.
Beim Apostel habe ich es nachgelesen:
„Ihr seid Gottes Bau."
Er dachte an kein Kirchengebäude und an keine Kirchenbehörde, sondern an einen Menschenbau, an die Erbauung von Menschen.

OHNE GEMEINSCHAFT GEHT ES NICHT

Grand-Prix Rennen.
Beim Formel-I-Renner quietschen die Bremsen.
Stop für wenige Sekunden am Pistenrand.
Der Feuerstuhl braucht Wartung.
Sonst erreicht er sein Ziel nicht.
Eingefuchste Helfer stürzen herbei.
Sie leisten notwendige Handgriffe.
Der Boxenchef brüllt dem Piloten im quittengelben Overall
einige Anweisungen ins Ohr.
Dann heult der hochgezüchtete Motor wieder auf.
Alles riecht nach Äther, Öl und Gummi.
Männer springen zur Seite.
Sie winken dem Asphaltfuchs nach.
Stoppuhren ticken, Rennleiter zählen die Runden.
Ob er wohl Sieger wird?

Menschen auf dem Weg zum Ziel.
Unser Leben ist kein gemütliches Oldtimer-Schaufahren,
sondern ein gefährliches Unternehmen.
„Herr, lehre mich doch, daß mein Leben ein Ziel hat",
bittet der Psalmist.
Niemand wird die Strecke allein meistern können.
Auch der Wagemutigste und Alleskönner braucht Helfer
und Hilfe.
Andere müssen mittragen und mitraten.
Ohne Team geht es nicht.
Es braucht Kameraden, Freunde, Brüder,
solche, die um das Ziel wissen.
Gemeinschaft ist kein Luxus.
Der Sieger ist auf „Mithelfer des Glaubens" angewiesen.

ABENDMAHL – FREUDENMAHL

„Abendmahl – Freudenmahl?
Wieso?
Ein Stück Brot, ein Schluck Wein – das ist alles!
Kein Grund zum Feste feiern!“
Sagen Sie auch so?
Wenn ja, dann passen Sie einen Augenblick auf.
Jemand zeigte mir ein Geschenk, einen funkelnagelneuen
100-DM-Schein.
Leider sagte er nicht:
„Herr Eißler, dieses Ding können Sie behalten. Ich habe genau
hingesehen; es handelt sich nur um einen Fetzen Papier mit
etwas Druckerschwärze, um mehr nicht.“
Der Junge strahlte über das ganze Gesicht und steckte ihn
in die Tasche.
Warum?
Auch er wußte, daß das Papier mit Gold abgedeckt ist
und deshalb einen Wert besitzt.
Beim Abendmahl bekommen wir Brot und Wein.
Diese Gaben sind aber nicht nur mit Gold abgedeckt,
sondern mit dem Leib und dem Blut Jesu.
Das ist mehr als Goldeswert.
Wir bekommen nämlich Anteil an seinem Leben,
das frei und fröhlich macht.
Wollen Sie allen Ernstes
auf dieses Geschenk verzichten?

BAUEN!

GEMEINSCHAFT BAUEN!

GRUPPEN BAUEN!

GEMEINDE BAUEN!

ABER WER KANN DAS?

Für einen guten Bau braucht es gutes Baumaterial.
Auch bei Gottes Bau.
Leeres Stroh, große und leere Worte tragen nicht.
Es braucht anderes Material,
und das ist der Heilige Geist.
Der Heilige Geist macht die Gemeinschaft wetterbeständig,
daß sie nicht vor jedem Zugwind der Zeit und vor jedem
Donnerwetter der Zeitgeschichte bangen muß.
Der Heilige Geist macht die Gemeinschaft korrosionsbeständig,
daß sie nicht vom Zweifel und von wachsendem Unglauben
zerfressen wird wie vom Rost.
Der Heilige Geist macht die Gemeinschaft farbbeständig,
daß sie nicht gestern braun, heute rot und morgen vielleicht
schwarz sein muß.
Der Heilige Geist macht die Gemeinschaft hitzebeständig,
daß sie im Brand des Leidens gerettet wird,
so wie durchs Feuer hindurch.
Dieses Baumaterial ist auf dem Markt nicht zu kaufen.
Es liegt auch nicht irgendwo zur Abfuhr bereit.
Es wird erst recht nicht frei Haus geliefert.
Der Heilige Geist will erbeten sein, von vielen Händen
und vielen Herzen:
Komm, Heiliger Geist!
Diese Bitte ist bitternötig.
Unsere Kreise und Gruppen dürfen nicht als Bauruine zum
Verkehrshindernis werden.
Es muß weitergebaut werden.
Wir müssen vorher ernsthaft prüfen, ob wir das auch wollen!